Ihr Hobby

Malawisee-cichliden

Peter Bredell

INHALTSVERZEICHNIS

Bühlfelderweg 12, D-94239 Ruhmannsfelden,
E-mail: bede-Verlag@t-online.de; Internet: http://www.bede-verlag.de
Konzept der Reihe „Ihr Hobby…", Herstellung und Gestaltung: bede-Verlag.
Fachliche Durchsicht: Andreas Butze, Heidenau; Dr. Jürgen Schmidt, Ruhmannsfelden & Alfred Ufermann, Oberhausen.
Bildnachweis: Alle Fotos bede-Verlag, außer wenn anders aufgeführt.
Wir danken Aquapress: Marie-Paule & Christian Piednoir.

ISBN: 3-931 792-25-0
bede-Bestellnummer: HO351

Die Malawiseecichliden

Chilumba Bay, typische Landschaft am Malawisee. Foto: Ad Konings

Die Malawiseecichliden haben es geschafft, zur beliebtesten und bekanntesten Fischgruppe in der Süßwasseraquaristik zu werden. Wieso es ihnen gelang ist ganz einfach damit zu erklären, daß es sich um sehr farbenprächtige Zierfische handelt, die gut haltbar und zu pflegen sind und ein sehr interessantes Verhaltensmuster an den Tag legen. Jeder Aquarianer kann sich also sehr schnell für diese herrlichen Fische begeistern. Die Schar der begeisterten Aquarianer wächst ständig weiter und somit stehen diese evolutionsmäßig hoch entwickelten Fische immer auf der Hitliste der Aquaristik.

Die Heimat dieser Cichliden ist der Malawisee, einer der großen Grabenseen Afrikas. Der Begriff See ist für unsere Verhältnisse schon etwas untertrieben, denn es handelt sich hier schon mehr um ein kleines Meer. Wenn wir den Malawisee einmal mit dem Bodensee vergleichen, werden wir feststellen, daß er mit 600 km Länge etwa neunmal so lang ist wie der Bodensee. Beeindruckend ist aber auch, daß er an einigen Stellen bis zu 700 m tief ist. Der Malawisee ist die Heimat vieler Cichliden und ein erheblicher Teil von ihnen wurde noch gar nicht entdeckt, und so können wir Aquarianer uns darüber freuen, immer wieder neue Malawiseecichlidenvarianten im Handel vorzufinden. Der Malawisee ist also mehr ein Inlandmeer und entsprechend abwechslungsreich ist auch das Wetter, welches am See vorzufinden ist. Hier kann es zu heftigen Sturmböen kommen und Wellen von mehreren Metern Höhe sind absolut keine Seltenheit. Solch ein riesiger See wird selbstverständlich auch mit Schiffen befahren und er bietet den Bewohnern entlang seiner Küsten Nahrung und Broterwerb. Der Malawisee ist einer der klarsten Süßwasserseen der Welt und besitzt sehr viele Felsregionen, in welchen die sogenannten Felscichliden leben. Doch auch in den riesigen Sandregionen haben sich die Cichliden breit gemacht und ihre Lebensgewohnheiten an die Umgebung angepaßt. Besonders in den felsigen Abschnitten des Malawisees leben die für die Aquaristik interessanteren Cichliden. Dort besiedeln sie hauptsächlich die Flachwasserzonen bis zu einer Tiefe von etwa acht

Diese Aufnahme verdeutlicht gut die Größe des Malawisees. Blick auf Chia Logoon. Foto: Ad Konings

bis zehn Metern. In diesen Felsregionen leben sehr viele verschiedene Arten miteinander zusammen und man kann hier von dicht besiedelten Abschnitten sprechen. Es ist also deshalb durchaus möglich, mehrere Malawiseecichliden in einem Aquarium zusammenzuhalten. Selbstverständlich benötigen diese lebhaften und größeren Aquarienfische auch ein entsprechend großes Aquarium. Mit einem 80 cm Aquarium sollten Sie nicht beginnen, wenn Sie sich um Malawiseecichliden bemühen wollen. Eine so dichte Besiedlung in der Natur wird natürlich nur möglich, wenn ein reichhaltiges Nahrungsangebot vorhanden ist. Die Fische haben sich auf spezielle Nahrung eingestellt und spezialisiert. Die Felsen veralgen sehr stark und in diesem Algenaufwuchs leben unzählige Kleintiere, die neben den Algen ebenfalls Hauptbestandteil

In diesem Aquarium wurde sehr gut die Unterwasserlandschaft des Malawisees nachvollzogen.

der Nahrung sind. Hier finden die Cichliden zum Beispiel in dem Algenrasen verschiedene kleine Krebschen und Mückenlarven. In den felsigen Gebieten unter Wasser haben die Malawiseecichliden ideale Rückzugsräume gefunden. So können sie bei Gefahr blitzschnell in einer Felsspalte oder Höhle verschwinden. Diesem Verhalten muß man auch im Aquarium Rechnung tragen und entsprechend viele Höhlen und Felsspalten bei der Einrichtung anbieten.

Während die in den Felsen lebenden Cichliden sich bei Gefahr in Höhlen zurückziehen können, müssen die im küstennahen Sandlitoral lebenden Cichliden sich in erster Linie durch wilde Flucht vor Freßfeinden schützen. Die Jungfische haben jedoch die Möglichkeit, sich im Sandlitoral in den teilweise dichten Pflanzenbeständen zu verstecken. Im jahreszeitlichen Klimarhythmus wechselt der See oft sein Aussehen. Im Juni beginnt zum Beispiel die stürmische

Durch eine großzügige Einrichtung mit Steinen entstehen zahlreiche Versteckmöglichkeiten. Foto: Aqualife Taiwan

Die Steine der Einrichtung dürfen keinesfalls scharfkantig sein, um Verletzungen zu vermeiden.

Jahreszeit, die bis Mitte August dauert, und dann bläst ein kräftiger Wind aus Südosten und die Lufttemperatur auf dem See fällt teilweise drastisch bis auf 15 °C ab. Für die Fische spielt dies jedoch kaum eine Rolle, denn die Temperatur des Wassers bleibt relativ konstant. Lediglich in den Flachwassergebieten kann die Wassertemperatur bis auf 20 °C absinken. Ist diese stürmische und kalte Saison vorüber, dann beginnt bis Ende November eine wärmere Zeit, in der sich das Wasser in den Flachwasserzonen wieder erwärmt.
Interessanterweise ist der Temperaturunterschied zwischen der Wasseroberfläche und den tieferen Wasserschichten nur sehr gering. Zwar sind die tieferen Wasserschichten gewöhnlich um einige Grade kälter, doch kühlt das Oberflächenwasser niemals so stark ab,

TIP: Verwenden Sie zum Einrichten und zur Dekoration möglichst glatte, runde Steine damit die Fische den Algenbewuchs später abweiden können, was ihrem natürlichem Freßverhalten im Biotop des Malawisees am meisten entspricht.

daß es kälter wäre, als in den untersten Schichten des Malawisees. Auch wird das Oberflächenwasser immer so stark durch kräftige Winde bewegt, daß ein ständiger Austausch zwischen tieferen und oberen Wasserschichten stattfinden kann.
Für Aquarianer ist es wichtig zu wissen, daß die chemische Zusammensetzung des Wassers im Malawisee eine andere ist als die der üblichen Süßwassergebiete Südamerikas oder Asiens, wo sehr viele Zierfische heimisch sind. Der pH-Wert des Malawisees schwankt grob zwischen 7,8 und 8,5, was für aquaristische Zwecke schon ein sehr hoher Wert ist. Dennoch ist es unabdingbar für die Aquarienhaltung, diese pH-Werte einzuhalten. Ihre Malawiseecichliden werden sich nur in einem Wasser mit einem pH-Wert um 8,0 wohlfühlen und zur Zucht schreiten. Aquarianer, die weicheres Ausgangswasser zur Verfügung haben, müssen ihr Aquarienwasser unbedingt aufhärten. Aus diesem Grund empfiehlt sich immer eine Einrichtung mit kalkhaltigen Steinen, die schon eine Mindestversorgung mit gelöstem Kalk garantieren.

Das Aquarium für Malawiseecichliden

Kalkhaltiges Lochgestein eignet sich ebenfalls sehr gut für Einrichtungszwecke, zumal es einige Härtebildner an das Wasser abgibt.

Bevor Sie sich Malawiseecichliden anschaffen, müssen Sie sich über den enormen Raumbedarf dieser Fische im klaren sein. Im Aquarium erreichen viele Malawiseecichliden beachtliche Körpergrößen, welche die natürliche Größe im See weit übertreffen. Dies liegt an der guten Pflege und dem vielen Futter, das unsere Cichliden im Aquarium erhalten. In der Natur ist der Kampf um die Nahrung doch wesentlich schwieriger und deshalb bleiben dort die Cichliden deutlich kleiner.

Geben Sie also deshalb bei der Cichlidenpflege einem möglichst großen Aquarium den Vorzug. Die Mindestgröße für ein Gesellschaftsaquarium muß bei 120 Zentimetern Länge, 50 Zentimetern Tiefe und 50 Zentimetern Höhe liegen. Allerdings ist dies wirklich schon das kleinste Aquarium, welches Sie auswählen sollten. In jedem Fall wäre es besser, ein Aquarium von 150 Zentimetern oder 200 Zentimetern Länge und 60 Zentimetern Tiefe und einer Höhe von ebenfalls 60 Zentimetern auszuwählen. Dies ist schon ein ganz beachtliches Aquarium und hier macht die Pflege von Malawiseecichliden wirklich Spaß. Ein solches Aquarium, welches eine entsprechende Tiefe und Höhe aufweist, kann auch großzügig eingerichtet werden. Gerade bei der Hälterung dieser Cichliden ist es wichtig, ausreichend Versteckplätze in Steinaufbauten anzubieten und diese Steinaufbauten benötigen entsprechend viel Platz. Die Voraussetzung, daß sich Cichliden in ihrem Aquarium auch wohl fühlen, ist die räumliche Abgrenzung von Revieren, die durch Einrichtungsgegenstände wie Steine, Pflanzen oder sonstige Gegenstände vorgenommen wird. Haben Sie jedoch nicht ausreichend Platz zur Verfügung, um ein wirklich großes Aquarium aufzustellen, dann müssen Sie sich bei der Auswahl ihrer Cichliden eben beschränken. Je kleiner das Aquarium ist, desto kleiner wird auch die Auswahl an Fischen, die hier beisammen leben können. Wenn Sie sich einmal vorstellen, daß selbst der kleinste Mbuna (das ist der Name, den die Einheimischen den Felscichliden gegeben haben) unter Aquarienbedingungen etwa zehn Zentimeter groß werden kann und ein Revier verteidigen will, welches mindestens dreimal so lang wie seine eigene Körperlänge ist, dann dürfte klar sein, daß ein Aquarium für Malawiseecichliden einfach nicht groß genug sein kann.

Der Standort des Aquariums

Aquarien sollen niemals so aufgestellt werden, daß die Sonne direkt in das Aquarium hineinscheint, denn sonst veralgt es sehr schnell. Suchen Sie also einen Standort in der Wohnung, der vor direkter Sonneneinstrahlung geschützt ist. Normalerweise ist bei der Aufstellung eines Aquariums mit 150 Zentimetern Länge und je 50 Zentimetern Höhe und Tiefe kein Problem wegen der Stabilität des Fußbodens oder der Decke zu erwarten. Natürlich hat ein solches Aquarium schnell ein Gesamtgewicht von 500 kg und mehr, doch ist diese Belastung für ein normal gebautes Haus nicht zu groß. Werden jedoch größere Spezialaquarien aufgestellt, dann muß es durchaus geklärt werden, ob die Tragfähigkeit des Bodens ausreichend ist. Ein solches Aquarium steht vielleicht auch besser im Erdgeschoß oder in einem Raum mit einem stabilen Betonboden.

Da Aquarienbewohner meist etwas sensibler sind, weil ihnen nur wenig Rückzugsgebiete im Aquarium verbleiben, sollte das Aquarium so aufgestellt werden, daß es auch an einem ruhigen Platz steht. Fische sind nicht menschenscheu und gewöhnen sich an ihre Pfleger, ja sie erwarten sogar, daß der Pfleger an das Aquarium herantritt um sie zu füttern. Plötzliche Bewegungen vor einem Aquarium können dennoch dazu führen, daß die Fische erschrecken und sich panikartig verstecken. In jedem Falle sollten die Rückwände und Seitenwände eines Aquariums verkleidet werden. Diese Verkleidung kann zum Beispiel durch farbige Kunststoffolien oder durch ein einfaches Anstreichen des Aquariums von außen geschehen. Die Farbe die hierbei verwendet wird, sollte zum einen dem Geschmack des Aquarianers, zum anderen aber auch den Bedürfnissen der Fische entsprechen. Wählen Sie

Der farbige Hintergrund bietet den Fischen Schutz, so daß sie sich im Aquarium natürlich verhalten können.

keine zu helle, aber auch keine zu dunkle Farbe. Ein mittleres Grün oder ein kräftiges Blau sowie rotbraune Töne haben sich bestens bewährt. Zu dunkle Hintergründe schlucken sehr viel Licht und schnell wird man feststellen, daß zum Beispiel eine schwarze Hintergrundfarbe auf Fotos gut aussieht, sich aber in der Praxis kaum bewährt hat.
Aquarien sollten auch isoliert werden und dafür bieten sich Schaumstoffplatten, zum Beispiel aus Styropor bestens an. Diese Schaumstoffplatten können mit Dispersionsfarben gestrichen werden und bilden somit gleichzeitig einen idealen farblichen Hintergrund. So werden zwei Fliegen mit einer Klappe geschlagen, das Aquarium wird nämlich isoliert und hat gleichzeitig eine farbig gestaltete Rückwand.
Bei der Aufstellung eines Aquariums ist sorgfältig zu verfahren, denn ein Aquarium sollte völlig eben auf dem Untergrund stehen, damit sich keine Spannungen im Glas bilden können. Bodenunebenheiten führen zu Verspannungen, die im Laufe der Zeit dazu führen können, daß das Glas doch einen Sprung bekommt und dann ist schon Ärger vorprogrammiert. Verwenden Sie in jedem Fall eine Dämmplatte unter einem Aquarium. Eine solche Dämmplatte kann aus Schaumstoff oder Styropor bestehen, gut geeignet sind aber auch Isoliermatten für Heizkörper. Diese Dämmplatte gleicht kleine Unebenheiten aus und verhindert, daß später bei der Befüllung mit Wasser eine größere Spannung entsteht. Muß ein Unterbau unter ein Aquarium gestellt werden, so ist dieser so zu konzipieren, daß er das enorme Gewicht des Aquariums problemlos tragen kann. Aquarien werden meist in einer Höhe von 60 bis 80 Zentimetern über dem Erdboden aufgestellt und somit eignen sich als Unterbauten stabile Schränke oder Stahlrohrgestelle. Für die gängigen Aquariengrößen gibt es eine Vielzahl verschiedener und zur Einrichtung passender Unterschränke im Fachhandel. Für

Durch schwere Steine und Bodengrund erhält das Aquarium ein hohes Gesamtgewicht, welches zu berücksichtigen ist.

Aquarien mit Sondergrößen muß man sich solche Unterbauten anfertigen lassen. Eine Möglichkeit, ein größeres Aquarium aufzustellen, ist auch die Verwendung von Kalksandsteinen, die sich in beliebige Maße zersägen lassen und bei entsprechender Verkleidung eine stabile und schöne Unterbaukonstruktion darstellen können. Der Vorteil eines Unterschranks liegt darin, daß in diesem Schrank gleich eine Filterung untergebracht werden kann und sich auch die vielen Kleinteile, die über den Tag benötigt werden, gut verstecken lassen. Aquarien für Malawiseecichliden müssen auch abgedeckt werden und deshalb sind vier bis fünf Millimeter dicke Glasscheiben oder durchsichtige Kunststoffplatten, die einen Gewichtsvorteil haben, sehr wichtig. Zum einen verhindern diese Abdeckscheiben, daß Fische aus dem Aquarium springen und zum anderen sparen Sie eine ganze Menge Energie ein, da aufgrund der höheren Wassertemperatur viel Wasser verdunstet.

Der Aquarienkauf

Die modernen und heute üblichen Aquarien sind Vollglasaquarien. Dies bedeutet, daß diese Aquarien keinen Metallrahmen mehr besitzen, sondern die Scheiben mit Hilfe von Silikon direkt aneinandergeklebt werden. Diese Aquarien haben den Vorteil, daß sie eine bessere Rundumsicht erlauben und einfach schöner sind. Natürlich sind solche Aquarien, die in Großserie hergestellt werden, auch erheblich preiswerter, als aufwendige Gestellaquarien. Achten Sie beim Kauf von Aquarien auf Qualitätsarbeit. Beachten Sie einmal die Silikonklebefläche, die lückenlos und blasenfrei geklebt sein muß. Aquarien in den Größen, wie wir sie für Malawiseecichliden benötigen, sollten einen Mittelsteg für eine zusätzliche Stabilität besitzen. Über die Glasqualität informiert Sie Ihr Fachhändler. Es ist besser, wenn Sie Kristallspiegelglasaquarien kaufen, denn diese zeigen keine so unschönen Verzerrungen beim Betrachten. Über die Stärke und Stabilität des Aquariums müssen Sie sich keine großen Gedanken machen, wenn Sie dieses im Zoofachhandel erwerben. Die Hersteller wissen genau, welche Glasstärken sie verwenden müssen, damit dieses Aquarium sicher ist. Wenn Ihnen alternativ Aquarien der gleichen Größe in verschiedenen Glasstärken angeboten werden, dann kaufen Sie immer das mit der stärkeren Glasausführung, denn dann haben Sie einfach die größere Sicherheit. Natürlich ist ein solches Aquarium entsprechend teurer, aber diese Anschaffung lohnt sich sicher.

Die Beleuchtung des Aquariums

Lebende Pflanzen werden meist nur sparsam ins Malawiseeaquarium eingesetzt und deshalb ist, was die Beleuchtung angeht, nicht allzuviel Rücksicht auf die Pflanzen zu nehmen. Selbstverständlich benötigen Cichliden eine Beleuchtung im Aquarium, damit ihre Farben gut zur Geltung kommen. Allerdings sorgt ein zu grelles Licht eher für Unbehagen unter den Pfleglingen. In der Regel werden deshalb nur zwei bis drei Leuchtstoffröhren für ein großes Aquarium eingesetzt. Die Auswahl der Lichtfarbe ist hierbei etwas vom Geschmack des Aquarianers abhängig. Um die Farbtöne der Buntbarsche jedoch nicht zu verfälschen, ist eine Tageslichtleuchte vorzuziehen. Ihr Licht ist hell und weiß und läßt die Farben des Aquariums natürlicher wirken. Keinesfalls darf das Licht Tag und Nacht leuchten. Mit Hilfe einer Zeitschaltuhr kann die tägliche Beleuchtung auf zwölf bis maximal vierzehn Stunden eingestellt werden.

Die Beheizung des Aquariums

Die ideale Wassertemperatur für unsere Malawiseecichliden liegt zwischen 24 und 27 °C. Am besten haben sich in der Aquaristik die Regelheizer bewährt. Diese Stabheizer mit einer Temperaturregelung können sehr einfach im Aquarium oder in einem Zentralfilter untergebracht werden. Mit Hilfe eines Einstellrads kann die gewünschte Tem-

Über großen Schauaquarien können Leuchtstoffröhren mit moderner HQI-Beleuchtung gut kombiniert werden. Foto: Piednoir.

peratur direkt eingestellt werden. Bei der Auswahl des Regelheizers sollten Sie darauf achten, daß Sie ein Markengerät kaufen, welches den Sicherheitsvorschriften entspricht. Um ein Aquarium in einem Wohnraum mit normaler Zimmertemperatur zu beheizen, genügt es, wenn pro Watt Heizleistung des Regelheizers etwa 2,5 bis 3 l Wasser gegenübergestellt werden. Dies würde bedeuten, daß ein Aquarium mit 500 Litern Wasserinhalt einen Heizstab von etwa 200 W benötigt. Bei größeren Aquarien- oder Zuchtanlagen mit einem Zentralfilter, in welchem der Heizstab hängt, empfiehlt es sich, statt einem Heizstab mit hoher Leistung lieber zwei Heizstäbe einzusetzen, denn dann kann beim Ausfall eines Geräts das andere noch einem Totalausfall vorbeugen und Schäden beim Fischbesatz werden verhindert. Die Temperatur ihres Aquarienwassers müssen Sie mit Hilfe eines Thermometers immer leicht überwachen können.

Die Filterung

Das Angebot an leitstungsfähigen Filtern in der Aquaristik ist schon fast unüberschaubar geworden. Jeder Hersteller bietet verschiedene Filtersysteme an, und so ist es anfangs für den Laien schwierig sich durch dieses riesige Angebot hindurchzufinden. Natürlich ist die Filterung des Aquariums das Kernstück der Technik, denn gerade die Malawiseecichliden sind fast meeresähnliche Strömungen gewöhnt und benötigen eine kräftige Filterung. Neben dem regelmäßigen Teilwasserwechsel ist die Filterung die einzige Möglichkeit, dem Wasser Schadstoffe zu entziehen und es gleichzeitig mit Sauerstoff anzureichern. Auch sorgt die Filterung dabei für die entsprechende Wasserbewegung in den Aquarien. Eine kräftige Strömung sorgt für Vitalität und Abwehrkräfte im Aquarium. Diese starke Strömung fördert auch das Wachstum der Fische. Gerade für Malawiseecichliden ist eine solche Strömung im Aquarium wichtig. Es empfiehlt sich deshalb für größere Aquarien zusätzlich einen Schnellfilter einzusetzen. Diese Schnellfilter bestehen aus einem strömungsstarken Pumpenkopf für die Umwälzung und diese Tauchkreiselpumpen sind meist in Verbindung mit einem Filtertopf oder einer Filterpatrone ausgestattet. So wird über diesen Schnellfilter eine Grobreinigung des Wassers und eine starke Bewegung vorgenommen. zusätzlich zu dieser Schnellfilterung mit starker Wasserbewegung kann ein weiteres Filtersystem eingebaut werden.

TIP: **Da viele Malawiseecichliden von Natur aus Strömungen lieben, ist es empfehlenswert, auch im Aquarium eine zusätzliche Schnellfilterpumpe einzusetzen, damit für eine ausreichende Strömung und Belüftung des Wassers gesorgt wird.**

Rieselfilter

Bei Meerwasseraquarianern sind Rieselfilter schon viele Jahre im Einsatz und sie werden in allen Größen und Varianten angeboten. Auch in der Süßwasser-

Eine Aquarienpumpe, wie sie auch in Riesel- oder Biofiltern verwendet wird.
Foto: Piednoir

aquaristik beginnt sich mehr und mehr der Rieselfilter zu bewähren. Allerdings käme der hohe pH-Wert der Malawiseeaquarien dem Einsatz eines Rieselfilters entgegen. Rieselfilter sind Filter, bei welchen das zu reinigende Aquarienwasser mit Hilfe einer Pumpe über ein Filtersubstrat geleitet wird. Bei dieser langsamen Filterung können Schadstoffe auf dem Substrat abgebaut werden. Das über die Filtermasse rieselnde Wasser sammelt sich in einem Auffangbecken und wird von dort mit Hilfe einer Pumpe in das Aquarium zurückgeführt. Beim echten Rieselfilter befindet sich also das Filtermaterial nicht im Wasser, sondern locker aufgeschichtet in einer wasserfreien Kammer. Bei diesem Filtersystem werden die Kleinlebewesen in der Filtermasse reichlich mit Sauerstoff versorgt und können dadurch eine hohe Abbauleistung erreichen. Natürlich muß das Wasser, welches aus dem Aquarium gepumpt wird, vorgereinigt werden, damit grobe Schmutzpartikel nicht in diesen Filterkreislauf gelangen. Zu berücksichtigen ist auch, daß offene Rieselfiltersysteme eine erhebliche Menge an Wasser verdunsten lassen und dies kann unter Umständen ein Problem werden.

Anblick von oben auf ein Biofilterbecken, welches mit verschiedenen Filtermaterialien bestückt ist.

Biofilter mit mehreren Filterkammern sind bei Aquarianern sehr beliebt und können auch in großen Aquarien als zusätzlicher Langzeitfilter eingesetzt werden.

Biofilter

Ein anderes Filtersystem, welches seit vielen Jahren von Aquarianern favorisiert wird, ist der Aufbau eines Mehrkammerfilters, in dem das zu reinigende Wasser durch mehrere Kammern mit verschiedenen Filtermaterialien geleitet wird. Dieser Biofilter könnte seitlich im Aquarium eingeklebt werden, oder besser neben oder unter das Aquarium aufgestellt werden. In diesem Mehrkammerfilter befindet sich in der ersten Kammer meist nur etwas Filterwatte als Vorfiltermaterial, welches regelmäßig ausgewaschen wird. Hier setzt sich auch der grobe Schmutz am Boden ab. In der zweiten und dritten Filterkammer befinden sich meist Filtermaterialien wie Keramikröhrchen, Kunststoffkörper, Filterwatte oder Filterschaumplatten. In diesen Kammern wird das Wasser gereinigt und geklärt. In der letzten Kammer wird das gereinigte Wasser mit Hilfe einer Pumpe wieder in das Aquarium zurückgeführt. Ein Vorteil dieser Biofilter sind die Schaffung klaren Wassers und eine schnelle Handhabung mit einem guten Zugriff auf das Filtermaterial. Sind diese Filter entsprechend groß ausgelegt, haben sie eine lange Standzeit und können über viele Monate ohne große Wartung betrieben werden.

Luftbetriebene Topffilter

Für Malawiseecichlidenaquarien sind luftbetriebene Topffilter sehr gut einsetzbar, denn sie reichern das Aquarienwasser zusätzlich mit Sauerstoff an. Es handelt sich hierbei um Filtertöpfe mit Plastikröhren, deren Kern mit Filterwatte umwickelt ist. Zum Antrieb der Filter wird eine Durchlüfterpumpe benötigt, die in das Innere der Röhre Luft drückt, welche das Wasser mitreißt und in das Aquarium pumpt. Da alle diese Röhren hohl und am Boden mit einem Sieb versehen sind, könnte dieser Hohlraum noch zusätzlich mit grobem Filtermaterial aufgefüllt werden. So erhöht sich die Filteroberfläche nochmals. Das einfache Prinzip dieser Filterung beruht darauf, daß das Wasser durch die Röhren gezogen wird und sich die Bakterien in diesen Röhren ansiedeln, um die Schadstoffe aus dem Wasser aufzuarbeiten.

Motortopffilter

In allen Größen sind Motortopffilter für Aquarien erhältlich. Es handelt sich hierbei um Filtertöpfe, denen einfach eine Pumpe aufgesetzt wurde. In den Töpfen befinden sich dann die verschiedensten Filtermaterialien. Die Reinigung des Filters ist unproblematisch, denn die Schläuche sind mit einer Schnelltrennkupplung verbunden. Es sammelt sich in diesen Schnellfiltern logischerweise auch schnell viel Dreck an, der regelmäßig durch Rückspülung oder Austausch der Vorfiltermassen zu entfernen ist.

Für alle Filter gilt das Gleiche: Sie sind ständig auf ihre Funktion zu überprüfen und Schlauchverbindungen müssen immer wieder auf festen Sitz kontrolliert werden, damit es nicht zu Pannen kommt, die letztendlich dazu führen können, daß ganze Aquarien auslaufen. Bauen Sie also hier entsprechende Sicherungen ein. Sparen Sie auch nicht am richtigen Filter und der entsprechenden Größe, denn je größer das Filtervolumen ausgelegt ist, um so besser ist die Versorgung des Aquariums mit Sauerstoff. Auch längere Standzeiten lohnen die Anschaffung eines größeren Filters. Zwei miteinander kombinierte Filtersysteme schaffen Unabhängigkeit und geben zusätzliche Sicherheit bei der Pflege ihrer wertvollen Fische.

Motortopffilter der neuen Generation, welche als Schnellfilter verwendet werden können. Durch Trennkupplungen läßt sich der Filtermassenwechsel schnell erledigen.

Neben runden Steinen ist relativ feiner Aquariumsand ein weiterer wichtiger Einrichtungsbestandteil. Da die Fische gerne den Sand durchkauen, um Nahrung zu suchen, darf dieser nicht zu grob und scharfkantig sein.

Der richtige Bodengrund

Im Malawi-See besteht der Bodengrund aus feinem Sand und Felsen, sowie wenigen Pflanzen. Sand ist also auch im Aquarium der bevorzugte Bodengrund. Sie können feinen Sand mit feinem Kies mischen, sollten jedoch keinesfalls zu groben Kies als Bodengrund verwenden. Gerade die Malawiseecichliden nehmen oft Sand mit der Nahrung auf und es wird vermutet, daß der oft in den Mägen von Buntbarschen gefundene Sand eine Aufgabe bei der Verdauung hat. Auch wird der Sand gerne nach Nahrung durchgekaut.

Der übliche gut gereinigte Flußsand ist für ein Malawiseeaquarium am besten geeignet. Sand und feinen Kies bekommen Sie in verschiedenen Körnungen und Farbnuancen im Fachhandel. Beachten Sie dabei, daß weißer Korallensand für Malawiseecichliden nicht geeignet ist.

Jeder Bodengrund ist vor der Verwendung im Aquarium noch mehrmals sorgfältig mit klarem Wasser auszuspülen. Hierbei sollten einige Spülungen mit heißem Wasser erfolgen, um sicherzugehen, daß unerwünschte Bakterien abgetötet werden. Füllen Sie dafür einfach einen Eimer halbvoll mit Sand und spülen Sie dann kräftig durch. Der Sand muß selbstverständlich so lange gespült werden, bis das Spülwasser fast klar bleibt. Da viele Cichliden gerne graben und das Aquarium dabei umdekorieren, muß bei der Einbringung von Steinen unbedingt darauf geachtet werden, daß diese fest verankert sind. Größere Steine müssen auf Styroporplatten gelegt werden. Diese Styroporplatten werden mit Hilfe von Silikonkautschuk in das Aquarium geklebt. So wird vermieden, daß beim Einstürzen von Steinaufbauten die Bodenscheibe springt. Je größer die

TIP: Malawiseecichliden graben sehr gerne und dabei kann es dann zum Einstürzen von Steinaufbauten kommen. Dies können Sie verhindern, indem Sie die Steindekoration mit Silikonkautschuk festkleben.

Steine sind, die in das Aquarium eingebracht werden, um so größer wirkt dieses auch. Viele kleine Steine führen dazu, daß die Wirkung der Größe des Aquariums verlorengeht. Inzwischen gibt es auch künstliche Felsen im Fachhandel, die den riesigen Vorteil haben, daß sie wesentlich leichter sind. Diese künstlichen Felsen sind nach einigen Tagen im Aquarium kaum noch von echten Steinen zu unterscheiden. Auch gibt es inzwischen fertig dekorierte Rückwände, die perfekt für solche Malawiseecichlidenaquarien geeignet sind.

Melanochromis auratus *fühlt sich in diesem Steingewirr sehr wohl und zeigt auch seine Farbe.*

Übrigens haben Wurzeln aller Art in Malawiseeaquarien nichts zu suchen, denn sie würden nur unerwünschte Farbstoffe und Substanzen an das Wasser abgeben.

Beim Aufbau der Steine in einem Malawiseeaquarium kommt eine Aquarientiefe von 60 Zentimetern und mehr dem Aquarianer zu Hilfe. Denn je tiefer das Aquarium ist, desto leichter lassen sich schöne Steinaufbauten vornehmen. Verwenden Sie bei der Steinauswahl ausschließlich Steine die nicht scharfkantig sind. Sogenannte Lavasteine mit scharfen Kanten sind völlig ungeeignet für diese schnellen Schwimmer, die sich bei Revierkämpfen leicht verletzen können. Besonders an den Augen treten dann gefährliche Verletzungen auf. Beim Aufbau der Steine ist darauf zu achten, daß ausreichend Versteckplätze für kleine Cichliden angeboten werden können. Große schnellschwimmende Cichliden benötigen aber auch ausreichend Schwimmraum im Vordergrund des Aquariums. Sogenannte Kalklochsteine sind für Malawiseeaquarien ideal, denn sie besitzen nicht nur eine schöne und interessante Form mit zahlreichen Löchern, sondern sie geben gleichzeitig Kalk an das Wasser ab, was dazu führt, daß der pH-Wert stabiler bleibt.

Die Bepflanzung des Aquariums

In den natürlichen Biotopen des Malawisees kommen kaum Wasserpflanzen vor. Aquarianer wollen aber in ihren Aquarien aus verständlichen Gründen auch schöne Pflanzen pflegen. Diese

unten: *Die Einrichtung eines Aquariums ist immer Geschmacksache und Anfangs werden solche weißen Steine den Betrachter etwas stören.*

lebenden Pflanzen geben einem solchen Cichlidenaquarium gleich ein anderes Aussehen. Pflanzen erfüllen auch wichtige Aufgaben im Aquarium und deshalb muß nicht unbedingt auf sie verzichtet werden. Sie können Schadstoffe abbauen und liefern gleichzeitig Sauerstoff. Der Hauptgrund für Pflanzen im Aquarium dürfte aber darin liegen, daß ein bepflanztes Aquarium einfach schöner aussieht. Pflanzen sind übrigens auch ideale Bekämpfer von Algen, denn sie

In großen Aquarien mit sehr vielen Versteckplätzen können auch mehrere Fische der gleichen Art zusammengehalten werden. Jedoch ist zu berücksichtigen, daß unterlegene Fische niemals ihre prächtigste Färbung zeigen können.

entziehen durch ihr Wachstum dem Aquarienwasser ständig Nährstoffe, so daß sich die Algen nicht ungehemmt ausbreiten können.

Da Cichliden oft dazu neigen, Pflanzen auszureißen oder gar aufzufressen, müssen Sie für Ihr Cichlidenaquarium robuste Pflanzen auswählen.

Bewährt haben sich in Malawiseecichlidenaquarien *Vallisneria*-Arten und die robusten *Cryptocoryne balansae* sowie *Anubias*-Arten. Aber auch *Ceratophyl-*

Daß die Pflege von Aquarienpflanzen zusammen mit Malawiseecichliden möglich ist, zeigen diese beiden Aufnahmen. So sieht ein Aquarium gleich etwas interessanter und freundlicher aus.

lum demersum sind gut für diese Aquarien geeignet. *Anubias barteri* var. *nana* und *C. demersum* können mit Hilfe eines Gummis oder einer Angelschnur an den Steinen und an einen beliebigen Platz im Aquarium eingesetzt werden. Die Wurzeln beginnen sich dann am Untergrund festzuklammern und später kann das Gummi oder die Angelschnur wieder entfernt werden. *Ceratophyllum demersum* ist hier besonders einfach zu pflegen, denn sie wächst ohne Wurzeln und kann immer wieder zu neuen Bündeln zusammengesteckt werden, um den Eindruck einer frischen Wasserpflanze zu vermitteln. Beachten Sie beim Einsetzen der Wasserpflanzen, daß die Wurzeln entsprechend geschützt werden. Wenn Sie mit Hilfe von Steinen die Wurzeln vor dem Ausreißen schützen, so wird es kaum Probleme mit

den Fischen geben. Das Pflanzenwachstum können Sie unterstützen, indem Sie mindestens einmal oder besser zweimal wöchentlich pflanzliche Kost in Form von tiefgefrorenen Erbsen und Spinat anbieten. Das Fressen von Aquarienpflanzen ist jedoch in der Praxis das kleinere Problem. Ein Problem kann das Ausgraben der Pflanzen werden. Dem können Sie nur durch eine entsprechende Befestigung der Pflanzen und mit einem Steinschutz entgegenwirken.

Das Aquarienwasser

Aquarienwasser ist nicht gleich Aquarienwasser. Dies werden Sie spätestens dann feststellen, wenn Sie Malawiseecichliden pflegen wollen. Diese Fische benötigen alkalisches Wasser. Was bedeutet nun alkalisches Wasser? Ausschlaggebend ist hierbei der pH-Wert des Wassers. Unter pH-Wert ist das Kräfteverhältnis der Säuren und Basen im Wasser zu verstehen. Ist dieses Verhältnis ausgewogen, also neutral, dann liegt der pH-Wert des Wassers im Neutralwertbereich von 7,0 auf der pH-Skala. Diese pH-Werteskala reicht von pH 0,0 bis 14,0. Überwiegen in einem Wasser die Säuren, so sinkt der pH-Wert unter den Neutralwert von 7 ab. Überwiegen dagegen die Basen (Laugen), so steigt der pH-Wert über 7 an und ist dann alkalisch. Die Schwarzwasser Südamerikas sind zum Beispiel sehr sauer und weisen pH-Werte zwischen 4,0 und 6,0 auf. Im Malawisee finden unsere Cichliden ein Wasser mit höheren pH-Werten im Bereich zwischen 7,5 und 9,0 vor. Dies bedeutet, daß wir unseren Malawiseecichliden auch ein Aquarienwasser mit höheren pH-Werten anbieten müssen. Nur dann werden sie sich wirklich wohl fühlen. Ideal ist es deshalb, wenn Ihr Leitungswasser bereits einen höheren pH-Wert besitzt. Wasser mit höherem pH-Wert ist meist auch etwas härter und enthält zum Beispiel mehr gelösten Kalk. Doch dies ist nicht immer die Regel, denn auch Leitungswasser mit hohen pH-Werten kann arm an Bicarbonaten sein. Den Gehalt an Kalk im Wasser können Sie mit Hilfe von Testreagenzien aus dem Fachhandel schnell feststellen. Die Gesamthärte und Karbonathärte eines Wassers werden in Grad deutsche Gesamthärte, °dGH, und die Karbonathärte als °KH angegeben. Um sehr weiches Leitungswasser ohne größeren technischen Aufwand natürlich aufzuhärten, benutzten Aquarianer in der Regel Muschelbruch, der in entsprechender Menge in die Filteranlage gegeben wird. Malawiseecichliden brauchen solches carbonathartes Wasser, um sich wohl zu fühlen.

Mara Rocks am Malawisee. Foto: Ad Konings

TIP: Bei Ausgangswasser mit niedrigem pH-Wert muß das Aquarienwasser entsprechend aufgehärtet werden, damit auch der pH-Wert auf einen Idealwert um 8,0 ansteigt. Die Aufhärtung kann mit kalkhaltigem Filtermaterial versucht werden.

Sie müssen regelmäßig ihre Wasserqualität überwachen, denn nur bei einem pH-Wert von 7,5 bis 8,5 und einer Karbonathärte zwischen 5 und 10 °dH fühlen sich ihre Malawiseecichliden wirklich wohl. Bei einem regelmäßigen Was-

Kalklochsteine bieten zahlreiche Versteckplätze, dürfen jedoch nicht zu scharfkantig sein. Ideal ist auch die Verwendung von runden Kieselsteinen, die jedoch wegen der Stabilität mit Silikon zusammengeklebt werden sollten.

serwechsel muß das zum wechseln verwendete Wasser, etwa die gleichen Werte wie das Aquarienwasser aufweisen, damit die Unterschiede für die Fische nicht zu kraß sind. Idealerweise wird wöchentlich ein Drittel des Aquarienwassers ausgetauscht, denn solche Teilwasserwechsel sorgen dafür, daß Ihre Fische gesund bleiben und zur Zucht angeregt werden. Ein Schadstoffabbau wird durch regelmäßige Teilwasserwechsel beschleunigt. Zwar sind solche Teilwasserwechsel sehr arbeitsintensiv, aber im Gegenzug bekommen sie gesunde und aktive Fische geboten.

Die Dekoration des Aquariums

Die meisten Cichliden des Malawisees leben in Geröll- oder Felsenzonen, was bei der Einrichtung ihres Aquariums auch berücksichtigt werden sollte. In diesen natürlichen Lebensräumen finden die Cichliden einen steinigen Untergrund vor. In der Geröllzone gibt es durch die teilweise sehr großen Steine, zahlreiche Versteckmöglichkeiten für die Fische. Zwischen den Felsen und den Geröllbrocken bilden sich natürliche Spalten und kleine Höhlen, die gerne als Wohnhöhlen benutzt werden.

In dieser pflanzenfeindlichen Geröll- und Felszone fehlen größere zusammenhängende Sandflächen und deshalb sind kaum Pflanzen anzutreffen. Die meist abgerundeten Steine sind jedoch mit einem grünlichen Algenrasen überzogen, der auch die Nahrungsgrundlage für die Aufwuchsfresser dieser Biotope bildet. Durch diese riesigen Futtermengen, die hier ständig vorhanden sind, ist eine sehr dichte Besiedlung dieser Felszonen möglich.

Steine sind also die Hauptdekorationsmittel für ein Malawiseecichlidenaquarium. Am besten sind Steine ohne scharfe Kanten geeignet, damit sich die Aufwuchsfresser nicht am Maul verletzen können. Geeignet sind zudem so ziemlich alle Arten von Steinen, wobei Kalkgestein zu bevorzugen ist, denn es härtet zusätzlich das Wasser etwas auf. Sehr dekorativ ist Lochgestein, welches in herrlichen Formen im Zoofachhandel erhältlich ist. Beim Aufbau der Steine im Aquarium ist darauf zu achten, daß diese teilweise rohen Steinaufbauten, nicht instabil sind und Beschädigungen der Glasscheiben verursachen. Es ist auch zu berücksichtigen, daß Cichliden gerne graben und so ein unterhöhlter Stein schon einmal umstürzen kann. Unfälle mit Steinaufbauten kann man dadurch vermeiden, daß man die Steine mit farblosem Silikon zusammenklebt oder auf dem Glasboden befestigt. Optisch gesehen wirken einige große Steine wesentlich interessanter als viele kleine Steine. Wenn Sie also einen größeren Haufen von kleinen Steinen übereinander legen, dann werden Sie feststellen, daß dieses Aquarium nicht so dekorativ aussieht.

Wenn Sie hauptsächlich größere Buntbarsche in Ihrem Aquarium pflegen, so ist es für deren Pflege günstiger, ihnen keine Höhlen anzubieten, sondern offene Durchlässe. Kleine Fische benötigen dagegen kleine Höhlen als Zufluchtsorte. Alle Höhlen- und Versteckbrüter benötigen Höhlen, um sich im Aquarium wohlzufühlen. Die Größe der Höhlen muß dem Fischbesatz entsprechend angepaßt werden. Allerdings ist auch zu berücksichtigen, daß bei Aufwuchsfressern und Mbuna-Cichliden die Höhlen zu intensiven Revierkämpfen führen werden. Es wird nahezu immer so sein, daß der dominierende Fisch alle Höhlen beanspruchen und die anderen unterlegenen Fische aus diesen vertreiben wird. So kommt es zu dauernder Unruhe im Aquarium. Wenn Sie in einem solchen Aquarium keine Höhlen anbieten, dann können diese logischerweise auch nicht verteidigt werden und die Aggressivität der Fische untereinander wird im Regelfall stark nachlassen.

Dekorationshilfsmittel sind also ausschließlich Steine, wobei solche mit Metalleinschlüssen abzulehnen sind, da möglicherweise Metallverbindungen schädlich für die Fische sein können. Wurzeln, wie sie hauptsächlich in Aquarien mit südamerikanischen oder asiatischen Zierfischen als Dekorationshilfsmittel eingesetzt werden, sind für Malawiseeaquarien tabu. Im Malawisee gibt es kaum Wurzeln, deshalb haben sie keinen Einfluß auf die Wasserwerte. Wurzeln neigen auch dazu, Farbstoffe an das Wasser abzugeben und der Modergeruch von ungeeigneten Wurzeln ist auch nicht zu unterschätzen. Schon so manches Aquarium wurde durch ungeeignete modernde Wurzeln verdorben.

Für die Nachbildung des natürlichen Biotops im Malawisee können auch künstliche Einrichtungsgegenstände verwendet werden. So gibt es inzwischen sehr schön gestaltete Steinrückwände aus Kunststoffschaum, die von echten Steinen nicht mehr zu unterscheiden sind. Die Entwicklung ist hier

Der Algenbewuchs auf Steinen wird sowohl in der Natur als auch im Aquarium von den Aufwuchsfressern abgeweidet.

teils rasant und deshalb empfiehlt es sich, sich bei seinem Zoofachhändler über den neuesten Stand der Dinge aufklären zu lassen. Der Vorteil einer künstlichen Rückwand oder von künstlichen Steinen, liegt eindeutig in ihrem geringen Gewicht.

Algenprobleme im Aquarium

Aquarianer kennen natürlich das Problem der Algenbildung. Es gibt kein eingerichtetes Aquarium, in welchem keine Algen vorkommen. Gerade bei neu eingerichteten Aquarien taucht sehr schnell ein Algenproblem auf, und wenn es nicht von Anfang an gelingt, dieses Problem in den Griff zu bekommen, so können die in Massen auftretenden Algen schon die Lust am Aquarium verderben. Gerade in einem Malawiseecichlidenaquarium taucht die Gefahr der übermäßigen Algenbildung auf, denn normalerweise sind solche Aquarien ja nicht übermäßig bepflanzt. Wasserpflanzen sind die größten natürlichen Feinde der Algen. Wenn Wasserpflanzen sehr gut und in großen Mengen gedeihen, dann können sich Algen kaum entwickeln, da ihnen die Nahrungsgrundlage entzogen wird. Stimmt das biologische Gleichgewicht des Aquariums nicht, und verschlechtert sich das Aquarienmilieu, so werden die Aquarienpflanzen mit Wachstumsstörungen reagieren und dann können die

TIP: Der Wuchs von unerwünschten Algen kann durch eine großzügige Bepflanzung des Aquariums weitgehend verhindert werden, da Aquarienpflanzen den Algen die Nährstoffe entziehen.

meist wesentlich anspruchsloseren Algen stärker zu wachsen beginnen.

Ein neu eingerichtetes Aquarium sollte nicht gleich mit Fischen besetzt werden. Bei einem Süßwasseraquarium ist es günstig, wenn man nach dem Einrichten des Aquariums noch etwa 14 Tage wartet, bis die ersten Fische eingesetzt werden. Um Algenwuchs in frisch eingerichteten Aquarien zu verhindern, werden gerne verschiedene Welsarten wie *Ancistrus* und *Hypostomus* eingesetzt. Sehr gut sind auch Siamesische Grünflossenbarben, *Crossocheilus siamensis*, als Algenvertilger geeignet, die sich durchaus gegen größere Malawiseecichliden durchzusetzen vermögen. Die nachtaktiven Welse bekommen oft nur wenig von dem regulären Futter ab und stürzen sich deshalb gerne gierig auf alle im Aquarium vorhandenen Algen.

Da in der Regel das Malawiseeaquarium nur mit wenigen Pflanzen besetzt wird, kann es schon vorkommen, daß sich zahlreiche Algen breit machen. Bereits bei der Standortfrage müssen Sie berücksichtigen, daß durch einfallendes Sonnenlicht Algenwachstum enorm gefördert wird. Durch eine gute Filterung und eine entprechende Sauerstoffanreicherung, sowie regelmäßige Teilwasserwechsel, wird der ungewünschten Algenvermehrung automatisch vorgebeugt.

Es gibt zwar einige Algenvernichtungsmittel auf chemischer Basis, die auch im Aquarium eingesetzt werden können, jedoch muß eine solche Behandlung, die einen erheblichen Eingriff in den biologischen Haushalt des Aquariums darstellt, genau überlegt werden. Dies sollte nur die letzte Möglichkeit sein, um eine Algenplage zu bekämpfen. Suchen Sie zuerst nach den anderen Ursachen, die Auslöser für eine Algenplage sein können. Radikale Eingriffe in den Wasserhaushalt, um Algen zu bekämpfen, belasten auch immer die im Aquarium vorkommenden Fische.

Den Aquarianern sind Grünalgen bestens bekannt. Die Grünalgen gibt es in verschiedenen Arten, zum einen in sogenannten Punktalgen, die sich auf älteren Blättern der Aquarienpflanzen bilden und dort festsetzen. Auch an den Scheiben bilden sich diese, bis etwa 3 mm großen Punktalgenhorste. Ebenfalls zu den Grünalgen zählen die Fadenalgen, welche als lange, hellgrüne Fäden frei im Wasser schwimmen. Sie umschlingen dabei die Wasserpflanzen und stören etwas den optischen Eindruck. Grünalgen lassen sich durch einen größeren Wasserwechsel bekämpfen, denn dadurch wird der Nährstoffüberschuß im Aquarium reduziert. Auch eine Einschränkung der Aquarienbeleuchtung bringt Erfolge.

Viel unangenehmer, weil unschöner, sind für die Aquarien die sogenannten Pinselalgen, die zu den Rotalgen gehören. Die Fische fressen sie leider nicht

In diesem großen Hälterungsbecken eines Exporteurs hat sich ein Algenrasen gebildet, der sicherlich auch von den Bewohnern abgeweidet wird.

und so entwickeln sie sich gerne in Aquarien mit entsprechend starker Wasserbewegung, wozu ja auch unsere Malawiseecichlidenaquarien gehören. Da es sich hier um kleine Büschel von Algen handelt, die mechanisch nur sehr schwer zu entfernen sind, handelt es sich hier wirklich um lästige Algen. Sie setzen sich auf alle Dekorationsmaterialien und ältere Pflanzenblätter. Entfernen Sie von Anfang an sofort diese Pinselalgen, wenn Sie sie entdecken.

Als letzte Algenart seien noch die Blaualgen erwähnt, die eigentlich gar keine Algen sind, sondern näher mit den Bakterien verwandt sind. Sie überziehen gerne den Boden des Aquariums und Teile der Bepflanzung. Der blau-grüne Belag ist schmierig, läßt sich aber sehr leicht mit einem Schlauch absaugen. Auslöser einer Blaualgenplage ist meist die zu hohe organische Belastung des Wassers. Meist können hier zu hohe Nitratwerte im Wasser gemessen werden. Bei Nitratwerten über 100 mg/l beginnen Blaualgen bevorzugt zu wachsen. Da zu hohe Nitratwerte für Fische sowieso ungünstig sind und sie im Wachstum hemmen, ist zumindest durch öftere Teilwasserwechsel der Nitratwert herabzusenken.

Richtiger Aquariumbesatz

Ihr Aquarium ist jetzt etwa zwei bis drei Wochen in Betrieb gewesen, die Wasserwerte sind optimal und die gesamte Technik funktioniert. Jetzt können Sie an den Einkauf Ihrer Malawiseecichliden denken. Wo bekommen Sie jetzt die besten Fische für Ihr Aquarium? Natürlich beim Fachhändler, da der sich auf den Zierfischverkauf spezialisiert hat. Hier sollten Sie jetzt erste Kontakte knüpfen und sich schon etwas beraten lassen. Warten Sie aber mit dem Kauf noch etwas ab, denn Sie müssen sich darüber im Klaren sein, daß Sie zueinander passende Fische kaufen sollten. Auch die Frage Nachzuchten oder Wildfänge muß geklärt sein, denn Nachzuchten sind in der Regel stabiler und weniger anfällig gegen Krankheiten, da sie bereits an das einheimische Wasser gewöhnt wurden. Ein weiterer Vorteil der Nachzucht ist ihr etwas günstigerer Preis und Sie können halbwüchsige Tiere erwerben, die Sie sich selbst groß ziehen, was sicher auch viel Spaß macht.

Auch der mengenmäßige Besatz für das Aquarium ist zu berücksichtigen, denn meist wird anfangs der Fehler gemacht, daß im Verhältnis viel zu viel Fische in einem Aquarium zusammengepfercht

Beim Besatz dürfen nur miteinander harmonierende Fischarten ausgewählt werden. In überbesetzten Aquarien kommt es häufig zu Streßsituationen.

Mit solchen Netzen gehen die Einheimischen auf Fischfang im Malawisee. Foto: Ad Konings

werden. Da Aquarien für Malawiseecichliden meist etwas größer sind, können Sie dennoch eine ganze Menge Fische zusammen hältern. Rechnen Sie einmal pro Zentimeter an ausgewachsener Fischlänge, mindestens zwei Liter Wasserinhalt des Aquariums. Wenn Sie also ein Aquarium mit 540 l Wasserinhalt besitzen, dann können Sie darin etwa 270 cm ausgewachsene Fischlänge unterbringen. Wenn sie jetzt wissen, daß Ihre zukünftigen Fische später eine Durchschnittslänge von 10 cm erreichen werden, dann können Sie also etwa 27 Fische in dieses Aquarium einsetzen.
Bei der richtigen Auswahl der einzelnen Arten, müssen Sie sich auf die Beratung vor Ort im Zoofachgeschäft verlassen. Da es nach dem Kauf von ausgewachsenen Cichliden immer wieder zu Machtkämpfen im neuen Aquarium kommen wird, ist es schon wichtig, sich Gedanken über eine richtige Zusammenstellung zu machen.

Wildfänge oder Nachzuchten kaufen?

Am Malawisee gibt es Exportstationen, von denen aus Wildfänge in alle Welt versandt werden. Der Fang von Aquarienfischen stellt ein gewisses Potential von Arbeitsplätzen am Malawisee dar und sorgt dafür, daß die einheimischen Fänger dort die Umwelt nicht zerstören. Ein Großteil der Fische, die im Malawisee leben, werden allerdings als Speisefische gefangen und wandern in den Kochtopf.
Anfängern ist zu empfehlen, sich möglichst mit Nachzuchten einzudecken und

auf Wildfänge zu verzichten. Wildfänge sind immer etwas heikler in der Pflege, denn sie haben einen langen Transport sowie bereits eine aufwendige Hälterung hinter sich und sind deshalb sicherlich etwas anfälliger. Prinzipiell sind Wildfänge aber nicht anfälliger, sondern deren eigentlich stabileres Immunsystem – als bei Nachzuchten – wird durch die manchmal ungünstigen Aquarienbedingungen geschwächt. Inzwischen gibt es im Fachhandel zahlreiche herrliche Malawiseecichliden als Nachzuchten zu

TIP: Kaufen Sie möglichst Nachzuchten für Ihr Aquarium, da diese in der Regel widerstandsfähiger und außerdem zu einem günstigerem Preis zu erhalten sind.

kaufen und von der Optik unterscheiden sie sich ja nicht von Wildfängen. Wildfänge sind dann angebracht, wenn es sich um Neueinführungen handelt, die als Nachzuchten noch nicht erhältlich sind. Außerdem sind diese Neuimporte auch entsprechend teurer.

Durch die aufwendige Aquarienhaltung und erstklassige Futtersorten, die heute neben ausgefeilter Technik zur Hälterung von Fischen zur Verfügung stehen, ist es zweifelsfrei erwiesen, daß im Aquarium nachgezogene Zierfische meist schöner aussehen können, als ihre Artgenossen in der Natur. In der Natur herrschen viel rauhere Lebensbedingungen vor, und oft werden die im Aquarium gehaltenen kleineren Zierfischarten auch wesentlich größer, als dies in der Natur der Fall ist.

Die „Mutter-Kind-Beziehung“ ist bei den Nachzuchten genauso wie die Brutpflege der Wildfänge ausgeprägt und entsprechend intensiv. Dies ist auch nicht weiter verwunderlich, da die Brutpflegemotivation genetisch verankert ist und somit – auch bei einer künstlichen Aufzucht – weitervererbt wird. Um weiterhin eine gute Brutpflege bei den Aquariennachzuchten zu erhalten, ist eine entsprechende Auslese der Mütter durch den Aquarianer notwendig.

Durch Zuchtauswahl gelingt es, interessante Farbformen wie diese Aulonocara *spec. herauszuzüchten; Zucht: Udo Buschhoff. Aber zum Beispiel von* Aulonocara baenschi *gibt es auch im See Varianten mit Orangetönen.*

Folgende Malawiseecichliden lassen sich gut in einem Aquarium zusammen vergesellschaften: Copadichromis borleyi, Labidochromis caeruleus, Aulonocara hansbaenschi, Idotropheus sprengerae.

Aulonocara *spec. iwanda*, *spec. mamelela*, Aulonocara baenschi *spec. orange*, Protomelas *spec. taiwan reef*, Pseudotropheus *spec. albino*, Labeotropheus chilumba trewavasae.

Welche Fische passen zusammen?

Fehler beim Besatz eines Aquariums sind zu vermeiden, denn sonst kommt es unter den Cichliden zu Raufereien, die auch zu Todesfällen führen können. Sie müssen sich vor dem Kauf schon eine Art Einkaufsliste zusammenstellen, um Fehler zu vermeiden. Malawiseecichliden sind teilweise sehr aggressiv und ein Großteil der Aggressivität kann schon durch ein entsprechend großes und richtig eingerichtetes Aquarium unterbunden werden. Wenn Sie zum Beispiel eine bunte Schar Mbuna-Cichliden pflegen wollen, dann müssen Sie eine ausgefeilte Steinlandschaft mit zahlreichen Versteckplätzen in das Aquarium bauen. Nur dort werden sich Mbunas wohlfühlen. Anders wäre es zum Beispiel mit einer Utaka-Cichlidengruppe, die viel Schwimmraum benötigt und deshalb müßte mindestens die Hälfte des Aquariums zum Schwimmen freibleiben. Inzwischen gibt es sehr viele Zoofachgeschäfte, die sich besonders auf Malawiseecichliden spezialisiert haben, oder doch ein großes Angebot an Malawiseecichliden besitzen. Wo viele solcher Fische angeboten werden, ist sicherlich auch eine gute Beratung über den Kauf möglich. Aquarien mit Mala-

wiseecichliden sollten so besetzt werden, daß möglichst alle Bewohner des zukünftigen Gesellschaftsaquariums für diese Fischgruppe gemeinsam erworben werden. Es ist ungünstig, immer wieder Fische nachzukaufen und sie dem Streß auszusetzen, als Neuankömmlinge in ein Aquarium gebracht zu werden. Die Aggressivität gegenüber Neuankömmlingen ist teilweise sehr groß. Beim Kauf von halbwüchsigen Exemplaren werden viele Probleme von vornherein beseitigt, denn diese halbwüchsigen Fische wachsen langsam zu einer Aquariengemeinschaft zusammen. Sie sehen, daß durch einen geschickten Besatz des Aquariums für den Pfleger die Möglichkeit besteht, Aggressionen unter den Fischen zu vermeiden oder zu vermindern. Cichliden entwickeln immer eine gewisse Rangordnung und gerade bei den Malawiseecichliden ist diese Rangordnung zu finden. Es gibt eindeutig dominante Männchen, die dann ihr volles Farbkleid entwickeln und zeigen, während unterlegene Männchen sich ständig unscheinbar zeigen müssen, damit sie nicht auffallen und bedroht werden. Es ist im Aquarium aus Raumgründen leider nicht möglich, ein riesiges Gebiet – wie es in der Natur vorkommt – nachzubauen. Ein Aquarium muß ein Kompromiß bleiben und deshalb ist dies bei der Besetzung zu berücksichtigen. Von Malawiseecichliden werden auch immer mehr Weibchen als Männchen angeschafft und die meisten Zuchtgruppen bestehen aus einem Männchen und drei Weibchen einer Art. Wenn sie zum Beispiel zwei Männchen einer Art einsetzen, dann sollten Sie vielleicht vier bis sechs Weibchen dazusetzen.

Ausgewachsene Cichliden einer gleichen Art zusammenzusetzen – das bedeutet immer, daß es zu Machtkämpfen um das beste Revier kommen wird. Hierbei sind Verletzungen und sogar Tötungen die Regel und nicht die Ausnahme.

Welche Menge von Malawiseecichliden Sie in einem Aquarium zusammensetzen ist selbstverständlich von der Aquariengröße abhängig. Doch auch die Fortpflanzungsart dieser Cichliden spielt eine große Rolle bei ihrem Platzbedarf. Maulbrüter benötigen keine festen Reviere im Aquarium, da die Weibchen ja die Eier im Maul tragen und auch die späteren Jungen bei den Weibchen Schutz finden. Die Männchen gründen allerdings meist Ablaichreviere. (Zum Vergleich: Höhlenbrüter oder Versteckbrüter dagegen, legen ihre Eier in diese Höhlen und verstecken sie, und die Jungfische verbringen dann auch eine geraume Zeit in diesen Versteckplätzen. Ihr Platzanspruch ist entsprechend größer, denn die Höhlen der einzelnen Arten dürfen nicht zu dicht beieinander liegen. Oft bilden sich auch feste Pärchen heraus und dieses Paar, das sich zusammengefunden hat, bleibt beieinander, sucht sich ein Revier und verjagt alle Artgenossen aus diesem Revier. Jetzt kann es für die anderen Fische im Aquarium schon etwas eng werden. Das Paar verteidigt sein Brutrevier heftigst und diese gemeinsame Verteidigung sorgt auch dafür, daß die Beziehung zwischen diesem Paar

Musterbeispiel für ein bepflanztes Aquarium mit ausreichend Versteckplätzen. Bei genügendem pflanzlichen Futterangebot werden sich die Cichliden nicht an den Aquarienpflanzen vergreifen.

sehr stabil bleibt. Oft ist es also günstig, wenn „Feinde" für das Paar im Aquarium vorhanden sind, denn dadurch lassen sie sich intensiver zur Brutpflege und einer erfolgreichen Nachzucht anregen.)

In einem Gesellschaftsaquarium ist die Pflege von polygam-lebenden Cichliden in einer großen Gruppe viel einfacher, als die Pflege eines einzelnen Pärchens. Eine Gruppe von Jungfischen kann so

gut in ein Aquarium eingesetzt werden, da ihre Anschaffung günstiger ist und sie auch bei der Aufzucht mehr Freude bereiten. So sieht man die Fische heranwachsen und ihre prächtige Farbe entwickeln. So eine Fischgruppe kann aus zehn Jungfischen bestehen und je größer diese Gruppe ist, desto geringer ist ihr innerartlicher Aggressionstrieb. So sind zum Beispiel *Aulonocara*-Arten sehr gut geeignet, in einer solchen polygamen Gruppe zu leben. Es ist erstaunlich zu beobachten, wie Jungfische bereits in den ersten Lebenswochen eine gewisse Rangordnung auskämpfen. Diese kleinen Fischlein kämpfen schon um Reviere und es macht richtig Spaß ihnen zuzusehen, zumal es ja bei diesen Jungfischen nicht zu ernsthaften Verletzungen untereinander kommen wird. Sie umschwimmen sich gegenseitig und imponieren mit ihren gespreizten Flossen und allen möglichen Verfolgungsjagden. Wollen Sie eine Gruppe einer Art pflegen, dann muß das Verhältnis Männchen zu Weibchen immer so aussehen, daß mindestens doppelt so viele Weibchen im Aquarium schwimmen. In kleineren Aquarien von unter etwa 400 Litern Wasserinhalt, haben Männchen einer gleichen Art nur wenige Ausweichmöglichkeiten gegenüber dem ranghöchsten Männchen. Es empfiehlt sich dann der Einsatz einer größeren Artgruppe von mindestens zwölf bis 15 Fischen. So können sich zum Beispiel die unterlegenen Männchen zwischen den Weibchen verstecken und mit diesen umherschwimmen. Die ranghöchsten Männchen bemerken so die unterlegenen Männchen kaum oder geben schneller eine Verfolgung auf. In großen Aquarien von 500 und mehr Litern Inhalt ist es dann wieder einfacher, für die unterlegenen

Männchen, sich rechtzeitig vor den Verfolgern zu verstecken. In großen Gruppen der gleichen Art unterbleiben also Revierkämpfe und Verfolgungsjagden weitgehend und somit erleiden diese Cichliden weniger Streß und zeigen ihr schönes Farbkleid viel intensiver, was letztlich dem Aquarianer wieder zugute kommt. Vermeiden Sie es jedoch, zuviele verschiedene Arten miteinander zu vergesellschaften, die unter Umständen von ihren Biotopansprüchen her nicht zueinander passen.

Nachträgliches Einsetzen von Fischen

Gerade bei Cichliden, die stark revierbildend sind, ist es äußerst schwierig, zu einem späteren Zeitpunkt weitere Fische dazuzusetzen. Es ist deshalb in jedem Falle günstiger, wenn Sie den ersten Besatz ihres Aquariums genau durchplanen, um dann auf spätere Nachkäufe zu verzichten. Natürlich läßt es sich nicht immer vermeiden, später doch noch einmal Fische dazuzukaufen, zum Beispiel, wenn einige Fische des Erstbesatzes verstorben sind. Neu hinzugekaufte Fische müssen in jedem Fall einer Quarantäne unterzogen werden. Unter Quarantäne ist jedoch nicht zu verstehen, die neuen Fische nur einige Tage in einem Aquarium zu beobachten. Eine richtige Quarantäne dauert mindestens vier Wochen und erst dann können Sie sicher sein, daß ihre neugekauften Fische keine Krankheiten in das alte Aquarium übertragen. Es kommt immer wieder vor, daß scheinbar gesunde Fische doch Krankheitserreger in sich tragen. Für die

HINWEIS:
Auch gesunde Fische tragen Krankheitserreger, die allerdings vom körpereigenen Immunsystem an ihrer Ausbreitung gehindert werden.

TIP: Neuerworbene Fische unbedingt einer vorbeugenden Quarantäne unterziehen. Das nachträgliche Einsetzen von Fischen bereitet immer Probleme, deshalb diese unbedingt nachts einsetzen und darauf achten, daß ausreichend Versteckplätze vorhanden sind.

Quarantäne reicht ein kleineres Aquarium mit etwa 100 bis 200 Litern Wasserinhalt aus. Dies hängt natürlich auch davon ab, wieviele Fische in Quarantäne gehalten werden. Die Einrichtung des Aquariums ist so zu gestalten, daß möglichst einfach darin gearbeitet werden kann. Also keine riesigen Steinaufbauten mit Versteckmöglichkeiten, sondern lieber einige umgestülpte Blumentöpfe, mit seitlicher Öffnung, die als Unterschlupf für die Fische dienen. Auch was den Bodengrund angeht, muß man sehr zurückhaltend sein. Wenn es die Fische vertragen, sollte im Quarantäne-Aquarium kein Bodengrund vorhanden sein. So ist es möglich, täglich die Futterreste abzusaugen und das Aquarium sauber zu halten. Während eines Medikamenteneinsatzes darf nur wenig Wasser gewechselt werden, damit die Medikamente voll wirksam bleiben. Als Filter sind Schnellfilter geeignet, die schnell kontrolliert und gereinigt werden können. Mit Hilfe von Aktivkohle können Medikamentenreste schnell wieder ausgefiltert werden, so daß ein Medikamenteneinsatz absolut problemlos ist. Mehrere Medikamente dürfen keinesfalls gleichzeitig in einem Aquarium eingesetzt werden, da es sonst möglicherweise zu unliebsamen Kombinationen kommen kann. Vor dem Einsatz eines neuen Medikaments ist das alte Medikament in jedem Falle zuerst mit Aktivkohle herauszufiltern und ein größerer Teilwasserwechsel einzuplanen.

Bevor Sie jedoch Medikamente in einem Quarantäneaquarium einsetzen, sollten Sie Ihre Fische einige Tage beobachten, um festzustellen, ob diese wirklich erkrankt sind. Nach einem Zeitraum von etwa vier Wochen können Sie dann sicher sein, daß Ihre neu erworbenen Fische keine Krankheiten auf den alten Fischbesatz übertragen werden.

Das Einsetzen selbst, bereitet unter Umständen mehr Mühe, denn die alte Mannschaft im Stammaquarium wird Neueindringlinge immer argwöhnisch beobachten und möglicherweise sehr stark verfolgen. Haben Sie bereits dominante Männchen der gleichen Art im Aquarium, so müssen Sie einfach eine entsprechend große Anzahl von Neuankömmlingen dazusetzen, damit durch die hohe Anzahl der Fische, das dominante Männchen nicht mehr dazukommt, alle gleichzeitig zu verfolgen. So verteilt sich die Aggressivität und baut sich langsam ab. Einen einzelnen Neuankömmling werden die Artgenossen stark verfolgen und unter Umständen zu Tode hetzen. Doch dies ist natürlich von Art zu Art unterschiedlich.

Unterlegene Fische müssen die Möglichkeit haben, sich ihrem Gegner zu entziehen und deshalb ist dann das Anbieten mehrerer Versteckmöglichkeiten wichtig.

Die richtige Ernährung von Malawiseecichliden

Die räuberischen Arten unter den Malawiseecichliden sind bei der Futterannahme nicht gerade wählerisch und stürzen sich gierig auf das Futter.

Die Cichliden des Malawisees sind Futterspezialisten und haben sich mit ihren Nahrungsbedürfnissen an ihre natürliche Umgebung angepaßt. Die Verdauungssysteme der pflanzenfressenden Cichliden unterscheiden sich in ihrem Aufbau deutlich von dem der insekten- oder fischfressenden Cichliden. Der Verdauungstrakt der Pflanzenfresser ist um vieles länger, als jener der Fischfresser. Bei der Aquarienhaltung neigt der Aquarianer gerne dazu, es sich etwas einfacher zu machen, wenn es darum geht, seine Fische zu füttern. So greift er gern auf Fertigfutter zurück, welches in Form von Cichlidenflocken oder Cichlidenpellets angeboten wird. Doch auch hier muß unterschieden werden, ob es sich um Futter für pflanzenfressende oder fischfressende Cichliden handelt. So sind die Vertreter der Mbuna-Cichliden vornehmlich Pflanzenfresser, die vom Aufwuchs auf Steinen leben. Im Aquarium müßte man diesen Fischen also auch in erster Linie Pflanzenfutter anbieten. Sie vertragen keinerlei Fett von Schlachttieren wie zum Beispiel Rindern und könnten dadurch Verdauungsstörungen bekommen. Zum Glück fressen jedoch alle Malawiseecichliden kleine Krebstiere, wie zum Beispiel ausgewachsene *Artemia*-Krebschen, *Cyclops* und auch zerkleinerte Garnelen.

Viele Cichlidenzüchter schwören auf ihr eigenes Cichlidenfutter, welches sie meist aus Garnelen und grünen Erbsen herstellen. Ein Grundrezept für ein solches Tiefkühlfutter könnte wie folgt aussehen:

Die Herstellung erfolgt wie folgt:

Zusammensetzung:

500g ganze gefrorene Garnelen
500g grüne frische gefrorene Erbsen
1-2 Teelöffel *Spirulina*-Puder
(erhältlich in Zoo-Fachgeschäften)
25 g aufgelöstes Gelatine-Pulver
10 Tropfen Multivitamine aus dem Zoofachhandel
50-100 g Cichlidenpellets oder Cichlidengranulat

Die angetauten Garnelen und Erbsen in einem Mixer oder Fleischwolf fein zer-

Artemia-Krebse sind in guter Qualität gefrostet auf dem Markt.

kleinern, dann die Vitamintropfen und das *Spirulina*-Puder untermischen und zuletzt die aufgelöste Gelatine dazugeben. Die Gelatine bindet die feinen Futterpartikel ab und es entsteht nach dem Auskühlen ein zäher Futterbrei. Dieser Futterbrei wird in Plastikbeutel gefüllt, glattgestrichen und eingefroren. So kann er später problemlos stückweise an die Fische verfüttert werden. Dieses hochwertige Futter wird einmal täglich als Basisfutter verwendet.
Im Fachhandel gibt es zahlreiche Fertigfutter für Cichliden und dazu gehören Futterpellets und Flockenfutter. Erfahrungsgemäß nehmen Cichliden gerne Flockenfutter an und somit ist dieses Futter ebenfalls gut geeignet. Moderne Granulatfuttersorten gibt es in verschiedenen Größen, so daß man seine Cichliden während der einzelnen Wachstumsstadien individuell füttern kann.
Ein weiteres wichtiges Futter sind die verschiedenen Frostfuttersorten, die für Malawiseecichliden geeignet sind. Dazu gehören Weiße und Schwarze Mückenlarven, sowie gefrostete *Artemia*-Krebschen und Krill. Bei *Artemia* und Krill ist bei pflanzenfressenden Cichliden Vorsicht angeraten, denn schnell können sie sich an diesem Futter überfressen und außerdem vertragen sie es nicht so gut. Problematische Futtersorten für Malawiseecichliden sind Rinderherzmischungen und gefrostete Rote Mückenlarven.

Die richtige Fütterung

Wie oft Malawiseecichliden gefüttert werden sollen, das ist abhängig von ihrem Alter. Jungfische benötigen öfter am Tage kleine Futterportionen als Altfische. Die Jungtiere sollten regelrecht im Futter stehen, damit sie schnell heranwachsen und sich gut entwickeln können. Wichtig ist bei jeder Fütterung, daß das Futter in mehreren Portionen über den Tag verteilt wird. Besonders die Pflanzen- und Aufwuchsfresser sind es gewohnt, den ganzen Tag immer wieder kleine Portionen von Aufwuchs zu fressen. Würden diese Fische im Aquarium nur einmal täglich gefüttert, so wäre dies ungenügend. Allerdings müssen Sie bei dieser mehrmaligen Fütterung darauf achten, daß nur soviel Futter verabreicht wird, wie innerhalb von wenigen Minuten restlos aufgefressen werden kann. Schnell bekommen Sie das richtige Gefühl für die ideale Futterportion. Erwachsene Malawiseecichliden können täglich drei- bis viermal gefüttert werden. Bei Jungfischen empfiehlt es sich, doch fünf- bis siebenmal täglich eine Futterration zu reichen. Werden die Fische ausreichend gefüttert, so werden auch Aggressionen vermindert oder abgebaut. Bei einer einmaligen Fütterung käme es sehr schnell zu enormen Futterkämpfen. Selbstverständlich besteht auch im Aquarium eine gewisse Nahrungskonkurrenz wie dies ja auch in der Natur der Fall sein muß.

Füttern Sie Ihre Fische niemals unmittelbar nach dem Einschalten der Beleuchtung, denn die Fische benötigen eine gewisse Zeit um aktiv zu werden. Fische ruhen während der Nacht, und erst etwa 30 Minuten nach dem Einschalten der Beleuchtung des Aquariums, beginnen sie ihre volle Aktivität zu entwickeln. Dann ist auch die Zeit gekommen, die erste Fütterung vorzunehmen. Ebenfalls sollten Sie selbstverständlich nicht kurz vor dem Ausschalten der Beleuchtung am Abend die Fische noch einmal füttern. Wenn Sie den ganzen Tag beruflich unterwegs sein müssen und niemand die Fische tagsüber füttern kann, so empfiehlt es sich zu überlegen, ob Sie nicht einen Futterautomaten installieren und diesen mit Futtergranulat oder Pellets oder Flockenfutter versehen. So besteht doch die Möglichkeit über einen Automaten die Fische etwa zweimal zusätzlich zu füttern. Wenn Sie dann abends nach Hause kommen, können Sie ja noch eine gezielte Hauptfütterung mit Frostfutter vornehmen. Nach dieser Abendfütterung sollte aber mindestens noch für eine Stunde die Beleuchtung eingeschaltet bleiben.

TIP: **Da Malawiseecichliden während der Nachtzeit nicht aktiv sind, ist eine direkte Fütterung nach Einschalten der Beleuchtung nicht richtig, und Sie warten besser mindestens 30 Minuten mit der Fütterung, damit das Futter gut gefressen wird.**

Überfütterung ist sicher auch ein Thema bei Cichliden, denn diese räuberischen Fische werden jedes Futter, welches ihnen schmeckt, in großen Mengen fressen wollen. Ein Zuviel an Futter führt aber zu negativen Erscheinungen, wie zum Beispiel zur Verfettung der Organe. So kann es zu Stoffwechselstörungen durch falsche Fütterung kommen. Eine Verfettung der Hoden kann dazu führen, daß

die Männchen nicht mehr richtig absamen können und oft ist auch eine übermäßige Fütterung schuld an einer ungenügenden Nachzuchtbereitschaft.
Gesunde Cichliden sollten immer gierig ihre Fütterung erwarten und schnell lernen die Fische ihren Pfleger kennen und sie wissen ganz genau, daß es jetzt Futter gibt, wenn dieser an das Aquarium herantritt und die Abdeckung öffnet. Sollten ausgewachsene Cichliden einmal schlecht fressen oder gar das Futter verweigern, dann führen Sie einfach mal einen Hungertag ein, um zu testen, ob die Fische vielleicht überfüttert wurden. Nehmen diese jedoch nach einer solchen Futterpause immer noch kein Futter an, dann ist die Möglichkeit einer Erkrankung gegeben.
Wenn Sie im Urlaub eine Vertretung finden, die Ihre Fische pflegt und füttert, dann sollten Sie vielleicht mit dieser Person testweise einmal eine Fütterung vornehmen, denn Nichtaquarianer neigen schnell dazu, den Fischen etwas gutes tun zu wollen und dann wird zuviel Futter in das Aquarium geworfen und übrig gebliebenes Futter verdirbt sehr schnell und belastet das Wasser. Selbstverständlich sind nicht gefressene Futterreste möglichst schnell aus dem Aquarium zu entfernen.

Das Futter der Malawiseecichliden kann durchaus in gefrorener Form verabreicht werden, da es nicht gefroren den Darm erreicht. Auf diese Weise bleibt es aber möglichst frisch und so bleiben die meisten Vitamine und Spurenstoffe erhalten.

Die Zucht

Die Zucht von Malawiseecichliden ist kein schwieriges Problem und wird meist auch im Gesellschaftsaquarium erfolgreich durchzuführen sein. Jeder Aquarianer der Cichliden pflegt, wird sicher eines Tages auch einmal die Absicht haben, seine Cichliden erfolgreich nachzuzüchten. Daß die Zucht im Gesellschaftsaquarium von alleine funktioniert, ist völlig klar, die Schwierigkeit liegt jedoch in der Aufzucht. Da alle anderen Cichliden im Aquarium natürliche Freßfeinde der Jungfische sind, wird es schwierig werden, Jungfische bis zu einer Größe von etwa drei Zentimetern heranzuziehen, ohne daß sie vorher von Mitbewohnern aufgefressen werden. Beginnen die Jungfische freizuschwimmen oder verlassen sie das Maul des Elterntiers, dann sind sie schnell eine willkommene Beute.

Aus diesem Grund ist es günstiger, sich für die gezielte Aufzucht auch ein spezielles Zuchtaquarium zuzulegen. Ein solches Zuchtaquarium wird für eine Art von Fischen eingerichtet und in der Dekoration so auf die Bedürfnisse dieser jeweiligen Art abgestimmt. Ausreichend Versteckplätze müssen in einem solchen Zuchtaquarium selbstverständlich vorhanden sein, denn es werden ja nicht paarweise die Cichliden zur Zucht angesetzt, sondern mehrere Weibchen mit einem Männchen. Je nach Cichlidenart variiert natürlich die Zusammensetzung der Zuchtgruppe. Daß sich die Weibchen in bester körperlicher Verfassung befinden müssen, dürfte klar sein, und bevor sie zur Zucht angesetzt werden, müssen sie auch gezielt mit gutem Futter versorgt werden, damit ein Laichansatz gewährleistet ist.

TIP: Lassen Sie maulbrütende Cichlidenweibchen ihre Jungen im Gesellschaftsaquarium einmal komplett austragen, selbst auf die Gefahr hin, daß die meisten Jungen später gefressen werden.

Wichtige Faktoren für die erfolgreiche Zucht sind zum Beispiel die richtige Aquariengröße, denn ist das Aquarium zu klein, können die Weibchen dem stürmischen Männchen nicht immer ausweichen. Neben der richtigen Dekoration spielt das passende Wasser eine große Rolle, denn nur wenn die idealen Wasserbedingungen vorherrschen, ist eine Zucht auch erfolgsversprechend. Richtiges Wasser wird auch durch eine optimale Filterung erzeugt und selbstverständlich muß ein solches Zuchtaquarium mit dem passenden Filter ausgestattet werden.

Um eine Zuchtgruppe zusammenzustellen sind zuerst einmal die Geschlechtsunterschiede der Cichliden festzustellen. Bei vielen Malawiseecichliden ist dies dann am einfachsten, wenn sich die Männchen von den Weibchen deutlich in ihrem Farbkleid unterscheiden.

Geübte Cichlidenpfleger können auch die Geschlechter anhand der Größe der Genitalpapillen unterscheiden. Dies ist erst bei ausgewachsenen Fischen möglich. Weibchen besitzen eine größere Geschlechtsöffnung als Männchen. Besonders dann, wenn Weibchen schon

Die Mutter entläßt nach etwa drei Wochen fertig entwickelte Jungfische aus dem Maul. Anfangs verstecken sich die Kleinen noch im Maul ihrer Mutter. Foto: Piednoir

einmal ablaichten, ist die größere Geschlechtsöffnung deutlich zu erkennen. Die Geschlechtsöffnung sitzt übrigens oberhalb des Afters in Richtung Kopf.

Praktische Zuchthinweise

Die Brutpflege bei den Malawiseecichliden ist sehr gut ausgebildet und normalerweise kümmern sich die Eltern und im besonderen die Weibchen sehr intensiv um ihre Nachkommen. Gerade die maulbrütenden Arten laichen problemlos im Gesellschaftsaquarium ab. Das Weibchen nimmt die befruchteten Eier auf und trägt sie im Maul aus. Es bereitet immer Schwierigkeiten, solche Weibchen aus einem volleingerichteten Aquarium herauszufangen und in ein Aufzuchtaquarium umzusetzen. Wird das Weibchen mit einem Netz gefangen, so kann es vorkommen, daß es seine Eier oder die bereits entwickelten Jungfische ausspuckt. Passiert dies, dann sollte das Weibchen dennoch in das Aufzuchtaquarium gesetzt werden und die Eier oder die bereits entwickelten Jungfische sollten in das gleiche Aufzuchtaquarium gegeben werden. Im Normalfall wird das Weibchen die Eier und Jungfische wieder aufnehmen und austragen. Gewerbliche Züchter entnehmen oft den Weibchen die Eier und brüten diese künstlich aus. Bei der künstlichen Aufzucht gibt es jedoch teilweise größere Verluste. Oft werden auch die Jungfische künstlich aus dem Weibchen herausge-

Gewerbliche Züchter neigen dazu, die Weibchen herauszufangen und die Jungfische aus dem Maul zu schütteln, um diese aufzuziehen. Für Aquarianer ist es jedoch günstiger, die maulbrütenden Weibchen im Aquarium zu belassen.

Das obere Weibchen trägt Junge im Maul.

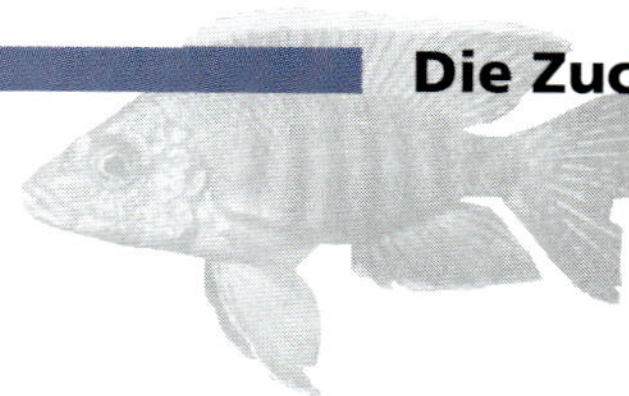

schüttelt, obwohl sie noch nicht voll entwickelt sind und noch einen großen Dottersack besitzen. In speziellen kleinen Aufzuchtaquarien werden diese Jungfische dann künstlich aufgezogen, was bedeutet, daß sie ihren Dottersack aufzehren und anschließend mit erstem Feinstfutter wie zum Beispiel *Artemia*-Krebschen gefüttert werden. Für die Aquarienpraxis ist es jedoch wesentlich günstiger, wenn die Jungfische auf natürliche Art und Weise von ihrer Mutter im Maul aufgezogen werden, um dann als vollentwickelte lebensfähige Jungfische das Maul zu verlassen. Während der je nach Cichlidenart unterschiedlichen Entwicklungszeit von etwa drei bis vier Wochen frißt das Weibchen kaum etwas und magert deutlich ab. Solche Weibchen sollten nach dem Aufziehen der Jungfische unbedingt genügend Zeit bekommen, um sich wieder völlig zu regenerieren. Auch dürfen diese geschwächten Weibchen nicht sofort wieder in das Gesellschaftsaquarium zurückgesetzt werden, wo sie zahlreichen Aggressionen ausgesetzt wären. Ein zurückgesetztes Weibchen wird von seinen Artgenossen als Eindringling empfunden und die Wiedereingliederung muß sehr vorsichtig geschehen. Ist die Gruppe der gleichen Art im Aquarium sehr groß, so ist eine Wiedereingliederung erheblich einfacher.

TIP: **Aus dem Aquarium entfernte Weibchen dürfen erst zurückgesetzt werden, wenn sie Gelegenheit hatten, sich durch gezielte Nahrungsaufnahme wieder zu kräftigen.**

Zum Vergleich hier einmal einiges allgemeines zum Verhalten von Cichliden: Während die Jungfische von maulbrütenden Cichliden nach dem Entlassen aus dem Maul schon relativ groß sind, sind die frischgeschlüpften Jungfische von Versteckbrütern sehr klein. Hat sich ein Pärchen von Versteckbrütern gefunden und beginnt mit dem Balzspiel, indem sich die beiden Partner ein gemeinsames Revier suchen und mit ihren Körperbewegungen anzeigen, daß sie ablaichen wollen, werden sie bald Vorkehrungen für das Ablaichen treffen. Sie verteidigen ihr Revier sehr intensiv und jeder Eindringling wird rücksichtslos zurückgedrängt. Wenn Sie also ein solches Pärchen entdeckt haben, dann könnten Sie es auch herausfangen und in ein spezielles Zuchtaquarium überführen. Zwar wird hierdurch die Laichmotivation etwas unterbrochen, doch erfahrungsgemäß beginnen die Fische nach wenigen Tagen wieder mit den Laichvorbereitungen im neuen Aquarium. In jedem Falle wird mit Hilfe des Mauls der Laichplatz gründlich gesäubert. Dabei wechseln sich beide Partner oft ab. Die Hauptaufgabe des Männchens bleibt jedoch immer die Verteidigung des Reviers. Oft sind die idealen Laichunterlagen glatte Steine. Unter heftigem Rütteln oder Zittern beginnt die eigentliche Paarung. Das Weibchen legt die Eier auf das Laichsubstrat, auf dem sie kleben bleiben. Das Männchen hat jetzt die Aufgabe, das Gelege zu besamen und oft unterstützt das Weibchen die Befruch-

HINWEIS: Zum Fortpflanzungsverhalten der maulbrütenden Malawiseecichliden s. S. 55-57.

tung dadurch, daß es das abgegebene Sperma mit den Flossen auf das Gelege zufächelt. Das Befächeln des Geleges ist eine der wichtigsten Aufgaben des Weibchens, denn so werden die Eier mit Sauerstoff versorgt. Durch diese Frischwasserzufuhr und das Befächeln wird ein Verpilzen der Eier vermieden. Die Entwicklungsdauer der Eier ist von Art zu Art unterschiedlich und es kann einige Tage aber auch bis zu zwei Wochen dauern, bis die Larven zu schlüpfen beginnen. Häufig unterstützen die Eltern ihre Larven beim Schlüpfen, indem sie diese aus den Eihüllen herauskauen. Wie die meisten Cichliden betten die Eltern dann ihre Larven um und sammeln sie an einem geschützten Platz zusammen. Nach wie vor ist das Weibchen der aktivere Teil bei der Pflege der Eier, der Larven und der späteren Jungfische. Das Männchen kümmert sich verstärkt um die Verteidigung des Reviers. Geschlüpfte Larven, die das Nest verlassen wollen, werden immer wieder von der Mutter eingefangen und zurück zum Nest getragen und dort hineingespuckt. Eines Tages aber ist es soweit, daß die Jungen das Nest verlassen können und sich überall in der Nähe des Laichplatzes verteilen, um auch Futter zu suchen. Falls Sie diese Jungfische jetzt weiter aufziehen und vor den Freßfeinden im Gesellschaftsaquarium schützen wollen, dann müßten Sie sie aus dem Aquarium entfernen. Am einfachsten ist es, die Jungfische mit Hilfe eines etwas dickeren Schlauchs mitsamt dem Wasser abzusaugen und in ein Aufzuchtaquarium zu überführen.

Die Aufzucht

Am idealsten ist es, die Jungfische in ein spezielles Aufzuchtaquarium zu überführen und dort gezielt zuzufüttern. Ein Aquarium mit 80 cm Länge und etwa 100 bis 150 Litern Inhalt, ist völlig ausreichend. Bei kleinen Bruten von Maulbrütern können die Aufzuchtaquarien in den ersten Wochen selbstverständlich viel kleiner ausfallen. Es ist sehr wichtig, daß das Aufzuchtaquarium sehr gut gefiltert wird und auch ein regelmäßiger Teilwasserwechsel ist wichtig. Durch die intensive Fütterung wird das Wasser nämlich sehr belastet und es könnten teilweise sehr hohe Nitratwerte auftreten, welche das Wachstum der Jungfische stark beeinträchtigen. Je häufiger Teilwasserwechsel stattfinden, desto besser ist das Wachstum der Jungfische. Das erste Aufzuchtfutter für die kleinen Cichliden sind frischgeschlüpfte lebende *Artemia*-Krebschen, die ganz einfach aus Dauereiern zum schlüpfen zu bringen sind. Es gibt spezielle *Artemia*-Kulturgeräte im Fachhandel, in welche ein Löffel voll *Artemia*-Eiern gegeben wird und die mit Hilfe von Salzwasser zum Schlupf gebracht werden. So ist es möglich, innerhalb von 24 bis 36 Stunden frischgeschlüpfte *Artemia*-Krebschen den Jungfischen anzubieten. Es ist wichtig, die *Artemia*-Krebschen vor dem Verfüttern kurz mit Süßwasser abzuspülen, damit diese kleinen Krebschen nicht mehr zu salzhaltig sind. Zusätzlich können fein zerkleinertes Flockenfutter, Tablettenfutter oder auch gefrostete *Cyclops* als Erstfutter gereicht werden.

Im Gegensatz zu den Maulbrütern vermehren sich die Versteck- oder Substratbrüter sehr stark, denn sie zeugen ja mehrere hundert Jungfische. Es ist deshalb besonders wichtig, daß man sich darüber im Klaren ist, was man mit den später größeren Jungfischen einmal machen wird. Bei der großen Anzahl von Jungfischen ist es auch wichtig, eine Zuchtauslese zu betreiben und fehlerhafte oder verkümmerte Jungfische nicht aufzuziehen. In der Natur werden auch nur die kräftigsten Exemplare einer Brut überleben und es ist völlig normal, daß Jungfische von ihren Artgenossen aufgefressen werden.

Das mütterliche Maul ist Versteckplatz bei Gefahr. Foto: Aquamagazine Japan.

Auslöser für Krankheiten

Vor dem Kauf ist auf äußere Anzeichen von Krankheiten zu achten. Ist der Fisch gut genährt und zeigt keine Verletzungen, liegt auch meist keine Krankheit vor. Foto: Piednoir

Ein Großteil der im Aquarium herrschenden Fischkrankheiten werden durch Haltungsfehler verursacht. Viele Krankheiten könnten durch eine ausreichende Pflege und Hygiene im Aquarium vermieden werden.

Malawiseecichliden lieben sauberes, klares, nitratarmes Wasser und ein solches Wasser erreicht man am besten dadurch, daß man regelmäßige Teilwasserwechsel durchführt. In überbesetzen Aquarien stellen sich auch schneller Krankheiten ein, die in Aquarien mit geringem Besatz nicht vorkämen. Die Sauberkeit des Aquarienwassers ist also das wichtigste Element bei einer erfolgreichen Malawiseecichlidenpflege. Einmal pro Woche sollte ein größerer Teilwasserwechsel als Minimum eingeplant werden und hier bedeutet Teilwasserwechsel etwa den Austausch der Hälfte des Aquarienwassers. Daß der Bodengrund regelmäßig abgesaugt werden muß, dürfte klar sein, denn zurückgebliebene verschmähte Futterreste verderben sehr schnell und belasten dann das Wasser. Das Reinigen des Vorfilters gehört auch zu den regelmäßigen Wartungsarbeiten bei einem Malawiseecichlidenaquarium, denn hier werden meist schnell laufende Filter mit hohem Wasserdurchfluß eingesetzt. Totale Filterreinigungen sind jedoch zu vermeiden, denn die totale Neueinrichtung oder das Auswaschen eines Filters kann – in Verbindung mit einem Teilwasserwechsel – dazu führen, daß das Wasser einfach zu frisch wird. Zu frisches Wasser ist oft fischaggressiv. Gewöhnen Sie sich deshalb an, die Filterreinigung nicht unbedingt mit dem Teilwasserwechsel zusammenzulegen oder immer nur Teile des Filters zu erneuern. Durch eine perfekte Wasserpflege werden also schon zahlreiche Krankheiten überhaupt nicht auftreten. Krankheiten wie Haut-, Kiemen- oder Flossenverletzungen treten besonders bei Transporten auf.

Die lebhaften Cichliden wehren sich gegen ein Herausfangen und anschließendes transportieren. Cichliden sind äußerst schwierig zu fangen und so kann es schnell zu äußeren Verletzungen kommen, die durch das grobe Netz hervorgerufen werden. Auch der Transportstreß wird dazu führen, daß die Fische etwas anfälliger werden. Äußere Verletzungen heilen in Aquarien mit idealen Wasserbedingungen meist von selbst sehr schnell wieder ab und es ist nicht bedenklich, wenn äußere Verletzungen nach dem Transport zu sehen sind. Warten Sie erst einmal ein bis zwei Tage ab, bevor Sie dem Wasser irgendwelche Medikamente zusetzen. Spätestens am zweiten Tag sollte eine Verbesserung der äußeren Verletzung eingetreten sein. Bildet sich jedoch ein weißlicher, pilzähnlicher Belag auf der Verletzung, dann müßten Sie mit einem Mittel gegen Pilzbefall diesen Belag bekämpfen. Entsprechende Mittel und Medikamente sind im Fachhandel erhältlich.

Nach dem Transport ist es auch wichtig, daß die Fische keinen pH-Schock bekommen. Das Transportwasser kann sich besonders bei langen Transporten stark im pH-Wert verändern. Liegt der pH-Wert des Transportwassers deutlich unter pH 7, dann dürfen die Fische nicht schlagartig in ein Wasser mit einem pH-Wert über 7 umgesetzt werden, da es sonst zu einer Ammoniakvergiftung kommen könnte. Bereiten Sie in einem kleinen Behälter Frischwasser mit etwa dem gleichen pH-Wert des Transportwassers vor, und setzen Sie die Fische dann in dieses Frischwasser, dessen pH-Wert aber mit dem Transportwasser identisch ist. So kann nichts passieren und die Fische befinden sich jetzt in klarem Wasser. Dieses klare Wasser mit dem niedrigeren pH-Wert wird jetzt über einen Zeitraum von etwa 30 Minuten mit Aquarienwasser vermischt. So steigt der pH-Wert langsam über pH 7 an. Sind die Fische dann nach 30 Minuten an den pH-Wert des Aquariums angeglichen, so können sie in dieses überführt werden. Keinesfalls dürfen die transportierten Fische nach dem Öffnen der Transportbeutel noch für längere Zeit im Transportwasser verbleiben, denn dieses ist meist sehr sauerstoffarm, hoch belastet und somit schon fast fischgiftig. Sorgen Sie also schnell dafür, daß Ihre Neuankömmlinge in optimales Aquarienwasser umgesetzt werden.

Spezialbücher über Cichlidenkrankheiten helfen bei Krankheitsproblemen weiter. Sehr detaillierte Informationen enthalten die Standardbücher: „Gesunde Diskus und andere Großcichliden" Band I und Band II von Dieter Untergasser.

Das Verhalten der Malawiseebuntbarsche

Männchen der gleichen Art, hier Maylandia estherae, *sind immer Rivalen und der Unterlegene muß im Aquarium Rückzugsgebiete vorfinden. Foto: Aqualife Taiwan*

Da der Aquarianer seine Fische ohne unnötige Verluste pflegen möchte, ist es notwendig, daß er das Verhalten seiner Fische möglichst gut kennt. Die meisten unerwarteten Verluste werden durch das Aggressionsverhalten der Fische verursacht. Aber auch der Nahrungserwerb oder das Fortpflanzungsverhalten sind wesentliche Verhaltensäußerungen, welche die Fische im Aquarium artgemäß ausleben können müssen. Werden diese Ansprüche der Cichliden nicht erfüllt, dann kann dies dazu führen, daß die Fische aus tierpsychologischen Gründen erkranken und schließlich sogar dadurch sterben.

Aggression

Das Aggressionsverhalten der Fische und vor allem der Arten und Familien aus der Barschverwandtschaft ist sich in vielen Merkmalen sehr ähnlich. Sowohl das Aggressions- als auch das entgegengesetzte Demuts- oder Beschwichtigungsverhalten läuft – bei ungestörtem Verhalten – immer in gleichen Bahnen ab. Wichtig ist in diesem Zusammenhang, daß die Fische sich oft gegenüber geschlechtsgleichen Partnern anders verhalten, als gegenüber dem anderen Geschlecht. Voraussetzung dafür ist aber, daß der Partner als solcher erkannt wird. Deshalb hat sich bei vielen Arten

Ihre optimale Färbung zeigen dominante Männchen. Foto: Aqualife Taiwan.

eine unterschiedliche geschlechtsspezifische Körperfärbung herausgebildet. Sofern keine unterschiedliche Färbung vorliegt, müssen sich die Geschlechtspartner beispielsweise durch bestimmte Verhaltensäußerungen erkennen.
Das Aggressionsverhalten ist durch bestimmte, immer wiederkehrende Elemente charakterisiert. Die einzelnen Bestandteile dieses Verhaltens werden nach ihrer Erscheinungsart benannt. Beispielsweise „Flossenklemmen", „Flossenwedeln", „Kiemendeckelspreizen", „Rütteln" und viele andere mehr. Außerdem muß zwischen „Kämpfen" unterschieden werden, die einerseits ohne körperliche Verletzungen ablaufen, da von den einzelnen beteiligten Fischen ausschließlich ein Imponiergehabe gezeigt wird, und solchen, die andererseits zu echten Verletzungen führen. Um Imponierkämpfe und Beschädigungskämpfe zu unterscheiden, werden sie auch entsprechend genannt. Gerade bei Malawiseecichliden kommt es sehr oft vor, daß etwa gleichstarke Fische recht lange imponieren, ohne daß es zu einem erkennbaren Ergebnis kommt. In solchen Fällen wechseln die betroffenen Gegner schließlich vom Imponier- zum Beschädigungskampf über. Aber auch mißverständliche Verhaltensweisen können – vor allem bei zwischenartlichen Auseinandersetzungen – sehr schnell zu Beschädigungskämpfen führen. Zudem spielt die „innere Stimmung", besser die Motivation, eine große Rolle. So können sich Fische beispielsweise zu einem bestimmten Zeitpunkt recht friedfertig ver-

halten, während sie zu einem späteren Zeitpunkt möglicherweise viel aggressiver sind. Eine wichtige Ursache dafür kann zum Beispiel die Verteidigung eines Reviers, von Jungen oder von Nahrung sein; wobei auch mehrere Faktoren zusammentreffen können, was wiederum unterschiedliche Aggressionsgrade auslöst. Das ist die Ursache, daß beispielsweise viel schwächer erscheinende, aber Junge führende Fische, erheblich größere Tiere angreifen und vertreiben, weil die Fische aufgrund des

Vorhandenseins der Jungen erheblich stärker motiviert sind. Dies ist interessant zu beobachten.

Typisches Imponierverhalten äußert sich unter anderem durch Intensivierung der Körperfarben (manchmal ändert sich auch die Farbe der Augeniris), durch Abspreizen der Flossen- und der Kiemendeckel oder durch Senken des Mundbodens, so daß der Körperumriß des Fischs vergrößert erscheint, sowie durch heftige Flossenbewegung, vor allem mit der Schwanzflosse. Die Bauchflossen werden versetzt getragen, so daß sogar dadurch der Umriß von der Seite vergrößert wirkt. Unter heftigem Flossen- und Hinterkörperschlagen wedeln sich die imponierenden Gegner gegenseitig Wasserschwälle zu, deren Intensität oder „Kraft“ sie mit Hilfe ihres Seitenlinienorgans und durch Sinnesgruben, welche die Fische vor allem am Kopf aufweisen, wahrnehmen können. Manche Arten bewegen beim Flossenwedeln ihre Brustflossen sehr schnell (Flossentrillern), wodurch die Fische eine Gegenströmung erzeugen und – trotz heftiger Flossenbewegungen – im Wasser nahezu am gleichen Ort verharren. Einige Arten tragen auffällige Flecken oder andersartige Markierungen auf den Flossen oder auf den Kiemendeckeln, die von besonders verletzlichen Körperbereichen ablenken und in anderen Fällen den Körperumriß optisch zusätzlich vergrößern.
Auch Maulaufreißen gehört zum Imponiergehabe. Oft wird auch das Zubeißen oder ein Rammstoß in die Flanke des Gegners angedeutet, ohne daß es wirklich dazu kommt. Sowohl diese Verhaltensäußerung als auch die Stellung der Gegner zueinander sind dabei von Bedeutung. Zum Flossenschlagen schwimmen die Fische dabei meist Kopf an Kopf nebeneinander, was als Parallelstellung oder -imponieren bezeichnet wird. Manchmal wechseln sie die Position und schwimmen Kopf an Schwanz nebeneinander; dies ist das Antiparallelimponieren. Ist beim Imponieren ein Fisch mit dem Kopf in Richtung der Flanke

Unterlegene Männchen zeigen nicht ihr optimales Farbkleid.
Foto: Aqualife Taiwan

des Gegners ausgerichtet, so ist dies die sogenannte T-Stellung.
Von den meisten Fischarten sind solche Verhaltensweisen von heftigen Lautäußerungen begleitet, die sich aber nur in seltenen Fällen in für Menschen hörbaren Frequenzen bewegen. Außerdem geben viele Fische Duftstoffe ans Wasser ab, die als sogenannte Pheromone ebenfalls wichtige Funktionen ausüben. Pheromone können der Findung oder Meidung von möglichen Partnern oder potentiellen Gegnern dienen. Die Pheromone werden vor allem für die langfristiger andauernde Kommunikation genutzt, die gegebenenfalls auch große Distanzen überwinden kann. Hingegen haben Laute oder die Körperfarben der Fische nur jeweils aktuelle Bedeutungen. Aus den Bewegungsabläufen der Scheinangriffe heraus wechseln die Fische aus dem Imponierkampf beim Ausbleiben eine Ergebnisses schließlich zum Beschädigungskampf über. Dabei kommt es zu heftigen Rammstößen, vor allem in die Flanken des Gegners. Noch häufiger sind Bisse, wodurch Schuppen herausgetrennt werden und ganze Flossenteile verloren gehen können. Beschädigungskämpfe führen meist sehr schnell zum Tod eines oder beider Kontrahenten.
Wird von einem der an der Auseinandersetzung beteiligten Fische, oder von einem, der zufällig einbezogen wird, die Unterlegenheit anerkannt, so zeigt dies der betroffene Fisch ebenfalls durch bestimmte eindeutige Verhaltenselemente. Typisches Beschwichtigungsverhalten äußert sich durch blassere Körperfarben, Anlegen und Klemmen der Flossen, Neigung des Körpers in eine bestimmte – arttypische – Richtung und schließlich durch Flucht. In der Natur löst das

Beschwichtigungsverhalten des schwächeren, unterlegenen Fischs in der Regel eine Angriffshemmung beim überlegenen, dominanten Fisch aus, zumal sich der Unterlegene weiteren Angriffen durch Flucht entzieht. Im Aquarium steht leider manchmal nicht genug Platz für eine Flucht in genügend große Entfernung zur Verfügung und auch die Zahl der Verstecke genügt oft nicht. Dadurch kann es unter solchen – zu beengten – Verhältnissen zur Tötung von unterlegenen Fischen kommen, was in solcher Form in der Natur nicht geschehen würde. Daran sind dann aber nicht die „besonders bösen" Fische schuld, die nur nach ihren angeborenen Verhaltensweisen handelten, sondern es sind die Aquarianer, die den Fischen nicht genügend Platz zur Verfügung stellten und die jene arttypischen Verhaltensweisen nicht angemessen berücksichtigten.

Nachdem sich die Fische durch mehrere Kämpfe kennengelernt haben, ist ihnen ihre Stellung bekannt und weil die meisten Cichliden sich persönlich kennen und wiedererkennen, bilden sich Rangordnungen heraus, in denen jeder Fisch seine Position kennt und schließlich auch anerkennt. Dadurch werden in der späteren Zeit weitere und unnötige Kämpfe vermieden; eine einmal herausgebildete Rangordnung ist also relativ stabil. Eingriffe durch den Aquarianer können dann katastrophale Folgen nach sich ziehen, so daß es erneut zu heftigen Kämpfen unter den Fischen kommt. Solche Eingriffe können das Hinzusetzen oder Entfernen von Fischen sein, aber auch die Veränderung von Einrichtungsgegenständen, die beispielsweise als Reviergrenzen oder Verstecke von Bedeutung sind.

Wichtig ist es auch zu wissen, daß sich die Positionen in den Rangordnungen der Fische vor allem dann verändern, wenn diese Fische Eier oder Junge betreuen. Bei Maulbrütern kommt hinzu, daß sie sich in der Zeit der Maulbrutpflege nur schlecht verteidigen können und deshalb in der Rangordnung weit absteigen können. Um so schwieriger ist es für die betroffenen Fische, wenn sie während der Maulbrutpflegezeit herausgefangen werden und erst nach einiger Zeit ins Aquarium zurück kommen. Meist verändert solch ein Eingriff die Rangordnung dauerhaft, in anderen Fällen erkennen sich die Fische auch nach längerer Zeit der Trennung individuell wieder und nehmen problemlos und ohne Kämpfe, vielleicht unter etwas Imponieren, die alte Rangposition ein. Trotzdem ist das Herausfangen immer von gewissem Risiko, da auch bei einem Wiedererkennen der Fische, einzelne die veränderte Situation nutzen könnten, um zu versuchen, in der Rangordnung aufzusteigen.

Bei Substratbrütern ist es im Gegensatz dazu so, daß zuvor eher friedliche Fische jetzt, da sie ihre Eier oder Jungen verteidigen, aggressiver sind und dadurch in der Rangordnung aufsteigen.

Grundsätzlich gilt die Faustregel, daß je mehr Fische gepflegt werden, die Rangordnung um so stabiler ist und entsprechend weniger Verletzungen bei den Fischen vorkommen. Selbstverständlich gilt diese Regel nur im Zusammenhang mit genügend zur Verfügung stehendem Raum für die entsprechend größere Zahl der Fische.

Fortpflanzung

Das Fortpflanzungsverhalten läßt sich erheblich schlechter allgemeingültig darstellen als das Aggressionsverhalten, weil das Fortpflanzungsverhalten – ähnlich wie bei einem Schlüssel-Schloß-System – bei den unterschiedlichen Arten arttypisch aufeinander abgestimmt ist. Deshalb gibt es ganz erhebliche Unterschiede, die sich bei verschiedenen Arten sogar in völlig unterschiedlichen Verhaltensweisen äußern. Und deshalb ist die Verständigung zwischen unterschiedlichen Arten immer erheblich schwieriger als die innerartliche Kommunikation. Dies kann sogar soweit führen, daß aufgrund zwischenartlicher Mißverständnisse, wie oben bereits angedeutet, beispielsweise Balzhandlungen des einen Fischs durch Aggressionen des anderen Fischs beantwortet werden.

Allgemeingültig ist, daß für viele Arten dem Fortpflanzungsverhalten eine Reviergründung vorausgehen muß. Dies kann allerdings bei den im freien Wasser laichenden Maulbrütern unterbleiben. Bestehen Reviere, dann ist die möglichst störungsarme Aufzucht der Jungen gewährleistet. Interessant ist in diesem Zusammenhang, daß viele Verhaltenselemente der Aggression mit jenen der Balz übereinstimmen. Das führt dazu,

daß die jeweiligen Verhaltensäußerungen von den beiden Geschlechtern unterschiedlich interpretiert und beantwortet werden. Flossenspreizen und -wedeln eines Männchens kann also dazu führen, daß ein anderes Männchen vertrieben wird, während gleichzeitig ein Weibchen angelockt wird. Bei vielen

HINWEIS: Im Freiwasser ablaichende Maulbrüter, wie zum Beispiel viele Utaka, besitzen quasi dreidimensionale, unsichtbare Reviere.

Placidochromis electra *zeigt bei Wohlbefinden eine herrlich hellblaue Färbung.* *Foto: Piednoir*

Fischen ist es zum Beginn der Balz so, daß das Männchen nicht zwischen einem männlichen Gegner und einem weiblichen möglichen Geschlechtspartner unterscheidet. Das ist die Ursache dafür, daß die Männchen zunächst auch die Weibchen angreifen und vertreiben. Diese Angriffe werden aber unterschiedlich beantwortet. Ein anderes Männchen wird entweder selbst versuchen das Revier durch Kampf zu erobern oder es wird fliehen. Das Weibchen wird, wenn es nicht zum Ablaichen motiviert ist, ebenfalls fliehen, oder – wenn es mit dem Männchen ablaichen will – versuchen das Aggressionsverhalten des

Männchens durch bestimmte Verhaltensweisen zu beschwichtigen. Dieses Beschwichtigungsverhalten bei der Balz gleicht dem Beschwichtigungsverhalten nach Aggressionen. Durch ein solches Demutsverhalten des Weibchens wird es schließlich in der Nähe und im Revier des Männchens geduldet. Jetzt wird allerdings das Weibchen alle weiteren möglichen Konkurrentinnen aggressiv vertreiben und den Geschlechtspartner für sich beanspruchen.

Das Männchen erkennt nun durch das Beschwichtigungsverhalten des Weibchens dieses als Geschlechtspartnerin und beginnt diese zu umwerben. Dabei werden die Flossen abgespreizt und die schönsten Farben gezeigt. Das Männchen umschwimmt seine Angebetete und schwimmt gezielt auf das spätere Laichsubstrat zu. Meist ist dies ein flacher Stein, aber es gibt auch andere Laichunterlagen wie Blätter oder Aquarienscheiben. Diese Balz dient der Stimulation der Geschlechtspartner, wodurch es zu gewissen hormonellen und nervösen Wirkungen in den Körpern der Fische kommt, so daß später die Abgabe der Geschlechtsprodukte zum richtigen Moment gewährleistet ist.

Für viele Cichliden gehört das gemeinsame Putzen des Laichsubstrats als wichtiges Element zur Balz. Das betrifft vor allem die Substratlaicher und -brüter. Aber auch bei Maulbrütern kann das Putzen als Verhaltensrudiment auftreten. Andererseits gibt es Substratlaicher, die bestimmte Stellen putzen und später an ganz anderen – ungeputzten – Orten ablaichen.

Langsam werden die Balzhandlungen intensiver und die Fische versuchen erste Paarungen, die aber noch nicht zum Ergebnis führen. Diese werden als Scheinpaarungen bezeichnet. Nur wenn wirklich Eier abgelaicht werden, handelt es sich um echte Paarungen. Die Spermien werden dabei nicht berücksichtigt, weil sie in den meisten Fällen für den beobachtenden Aquarianer gar nicht sichtbar sind und mit komplizierten Methoden nachgewiesen werden müßten. Es kommt allerdings auch vor, daß vom Männchen sehr viele Spermien abgegeben werden, die dann als Wolke oder Trübung im Wasser sichtbar sind. Letztendlich dienen auch die Scheinpaarungen der Einstimmung der Partner aufeinander und schließlich kommt es zu den echten Paarungen, wobei beide Partner ihre Geschlechtsprodukte abgeben.

Bei Maulbrütern nimmt der maulbrütende Partner die befruchteten Eier schließlich ins Maul oder er nimmt die Eier und Spermien auf und sichert die Befruchtung im Maul.

Die Eier und Larven werden bei den Cichliden aufmerksam beschützt, doch gibt es hier, je nach Art, sehr unterschiedliche Aufgabenverteilungen für die Geschlechter. Es gibt sowohl Buntbarsche, bei denen sich beide Geschlechter gleichermaßen um den Nachwuchs bemühen, als auch solche, bei denen sich nur eines der Geschlechter darum kümmert, sowie alle möglichen Übergangsformen zwischen den Extremen.

Je nachdem, ob sich der Vater oder die Mutter um die Jungen kümmert, handelt es sich um eine Vater- oder Mutter-Familie. Sind beide gleichberechtigt beteiligt, dann ist es eine Elternfamilie und wenn ein Geschlecht stärker beteiligt ist, das andere aber durchaus auch einbezogen ist, dann wird von einer Vater-Weibchen- oder Mutter-Männchen-Familie gesprochen.

Bei den Maulbrütern der afrikanischen Seencichliden handelt es sich meist um reine Mutter-Familien, während die Substratbrüter der Seencichliden in der Mehrzahl der Fälle Elternfamilien bilden.

Diese Familien werden meist nur für eine Fortpflanzungsperiode gebildet, doch gibt es durchaus auch Arten, bei denen die Partner über mehrere Laichperioden beisammen bleiben oder sogar eine Art Ehe auf Lebenszeit bilden.

Nahrungserwerb

Auch wenn im Kapitel Ernährung der Aquarienfische bereits ausführlich auf die Nahrung eingegangen wird, so ist hier dennoch auf die Form des Nahrungserwerbs einzugehen. Bereits an der Maulgestalt der Fische ist nämlich oft die Art ihrer Nahrung und des Erwerbs derselben zu erkennen. Fische mit oberständigem Maul sind meist Räuber, die ihre Beute an oder unter der Wasseroberfläche überfallartig erbeuten. Fische mit endständigem Maul erwerben ihre Nahrung gewöhnlich im freien Wasser. Und Fische mit unterständigem Maul sind oft an Substrate angepaßt und erwerben entsprechend auch ihre Nahrung dort. Außerdem gibt es selbstverständlich auch beim Nahrungserwerb viele spezielle Anpassungen. So sind beispielsweise Fische, die ihre Nahrung durch Sprung von außerhalb des Wassers erbeuten gar nicht selten. Dies muß der Aquarianer wissen, denn gerade diese Fische sind gefährdet, durch einen solchen Sprung das Aquarium zu verlassen und als „Trockenfisch“ zu enden. Aquarien, in denen gern springende Fische gepflegt werden, müssen selbstverständlich immer gut abgedeckt sein.

Je nach Art der Nahrung haben die Fische auch entsprechend angepaßte Lippen und Zähne. Räuber haben also lange spitze Zähne, während andere Fische, die das Substrat abweiden, eher flache Zähne haben oder viele kleine, die an Schmirgelpapier erinnern.

Die Nahrung der einzelnen Fische ist den jeweiligen Artbeschreibungen zu entnehmen. Für den Aquarianer ist es nicht nur wichtig, zu wissen womit sich ihre Pfleglinge ernähren, um das Richtige anzubieten, sondern der Nahrungserwerb der Fische ist auch deshalb von Interesse, um abschätzen zu können ob es sich eher um aggressiver Fische (Räuber) oder eher um friedliche Arten (Planktonfiltrierer oder Pflanzenfresser) handelt.

Wichtige Arten der Malawiseecichliden

Aulonocara – Kaiserbuntbarsche

Die sogenannten Kaiserbuntbarsche sind sehr angenehme Bewohner eines Malawiseeaquariums. Diese farbenprächtigen Kaiserbuntbarscharten sind relativ friedlich und dürfen deshalb nicht mit großen und lebhaften Cichliden vergesellschaftet werden. Es gibt sowohl eine Gruppe von *Aulonocara*-Cichliden, die über Sandgebieten lebt, als auch eine Gruppe, die Felsenverstecke vorzieht.

Es ist herrlich mit anzusehen, wie die Kaiserbuntbarsche im Aquarium Reviere beziehen und diese verteidigen. Natürlich werden kleine Höhlen und Felsspalten als Standorte bevorzugt. Ein gewisser Sandflächenanteil ist jedoch zu ihrem Wohlbefinden auch im Aquarium notwendig. Untermüdlich suchen sie auch im Sand nach Futtertieren, die sie sehr gut lokalisieren können. Sobald sie ein solches Futtertier entdeckt haben, beißen sie in den Sand und verschlingen das Futtertier. Dieses typische Freßverhalten läßt sich im Aquarium nur feststellen, falls auch entsprechendes Futter angeboten wird. Im Aquarium nehmen die *Aulonocara* alle Arten von Ersatzfutter an, die für Malawiseeecichliden üblich sind.

Die ideale Gruppe für ein Aquarium besteht aus einem Männchen mit zwei bis drei Weibchen. Obwohl die Männchen nicht sehr aggressiv sind, vertreiben sie natürlich andere Männchen der gleichen Art. Untereinander verpaaren sich verschiedene *Aulonocara*-Arten und deshalb ist es ungünstig, verschiedene *Aulonocara*-Arten in einem Aquarium zusammenzuhalten.

Aulonocara baenschi. *Farbvariante mit intensiverer Gelb- oder Orangefärbung Foto: Aqualife Taiwan*

Aulonocara baenschi. *Foto: Aqualife Taiwan*

Aulonocara baenschi

Im Aquarium wird dieser interessant gefärbte Cichlide etwas größer als in der Natur, wo er nur neun Zentimeter Länge erreicht. Wie alle Malawiseecichliden benötigt auch dieser *Aulonocara* sehr gute Wasserqualitäten und deshalb ist ein regelmäßiger Teilwasserwechsel für den Aquarianer Pflicht. Durch seine kräftige Gelbfärbung fällt dieser *Aulonocara* etwas aus dem üblichen Farbmuster heraus. Es existieren Standortvarianten, deren Körperfärbung etwas intensiver ins orange-rot übergehen kann.

Aulonocara baenschi. *Farbvariante mit intensiverer Gelb- bzw. Orangefärbung*

unten: Aulonocara jacobfreibergi. *Fotos: Aqualife Taiwan*

Aulonocara jacobfreibergi

Ein typischer Vertreter der felsbewohnenden *Aulonocara*-Arten, dem im Aquarium unbedingt Versteckplätze in Felsen angeboten werden müssen. Es gibt zahlreiche Standortvarianten, die sich in der Färbung stark unterscheiden. So sind Standortvarianten in Gelb- aber auch in Rottönen bekannt. Die Männchen verteidigen ihre Reviere im Aquarium sehr intensiv. In der Natur können in großen Höhlen allerdings mehrere brütende Weibchen zusammenleben. KONINGS beschreibt in seinem „Atlas der Malawisee-Cichliden" zahlreiche Standortvarianten dieser *Aulonocara*-Art in Wort und Bild.

Aulonocara hansbaenschi. *Foto: Piednoir*

Aulonocara hansbaenschi

Ein imposant gefärbter Kaiserbuntbarsch, der eine Größe von bis zu 12 cm erreicht. Er liebt einen feinen Sandboden, sowie Felsverstecke im Aquarium. Die Männchen zeigen eine intensive Brutfärbung und verteidigen ihr Revier um eine Höhle. Ohne Höhle würden sie sich im Aquarium verloren vorkommen und kümmern.

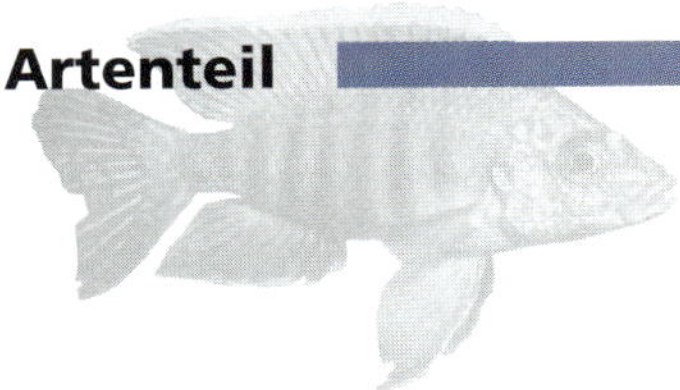

Aulonocara kandeense.
Foto: Piednoir

Aulonocara kandeense

Daß dieser tiefblaue Cichlide auch als blauer Orchideen-Kaiserbuntbarsch bezeichnet wird ist nicht verwunderlich, denn seine Färbung ist wirklich beeindruckend. Er kommt ausschließlich um die Insel Kande vor, die ihm auch den Namen gab. Felshöhlen und Sandboden sind sein Revier und diesem Umstand muß auch im Aquarium Rechnung getragen werden. Die Weibchen laichen in der Höhle des Männchens ab und arttypisch ist auch, daß sie relativ große Gelege aber sehr kleinwüchsige Jungfische hervorbringen. In großen Höhlen laichen mehrere Paare.

Labeotropheus fuelleborni. *Foto: Piednoir*

Mbuna-Cichliden

Zur Gruppe der Mbunas gehören verschiedene Cichlidengattungen aus dem Malawisee, wie zum Beispiel die bekannten *Labeotropheus*-, *Melanochromis*- oder die *Pseudotropheus*-Arten. Mit der Bezeichung Mbuna aus der Sprache der Bewohner um den Malawisee wurden die typischen Felscichliden bezeichnet. Mbunas sind typische Aufwuchsfresser, die sich von pflanzlichem Material wie Algenaufwuchs auf den Felsen ernähren. Dieser Algenaufwuchs enthält reichlich Kleinlebewesen, die somit einen erheblichen Anteil an tierischem Nahrungsmaterial bieten. Im Aquarium können Mbuna-Cichliden sehr gut mit einer Futtermischung aus Garnelen und Erbsen gefüttert werden. Im Aquarium neigen Mbuna-Cichliden allerdings zur Verfettung, wenn sie zu oft gefüttert werden. Sie sind nämlich in der Lage unentwegt zu fressen und erreichen dann auch eine stattliche Größe.

Die Männchen sind revierbildend und es ist deshalb besser, in einem Aquarium nur ein Männchen einer Art einzusetzen. Allerdings werden auch Männchen anderer Arten, die eine ähnliche Brutfärbung zeigen, stark attackiert. Wie meist üblich, können die Männchen zusammen mit drei oder vier Weibchen vergesellschaftet werden. Durch die höhere Anzahl von Weibchen wird verhindert, daß diese ständig vom laichbereiten Männchen verfolgt werden. Die Weibchen sind maulbrütend und die Zucht von Mbuna-Cichliden ist sehr einfach, was leider den Nachteil hat, daß sich solche Aquarien sehr schnell übervölkern, da doch ein Großteil der Jungfische im Aquarium überleben kann. Wer also Wert auf eine gezielte Zucht legt, der sollte die maulbrütenden Weibchen rechtzeitig herausfangen und die Jungfische in speziellen Aufzuchtaquarien großziehen.

Weibchen von Labidochromis caeruleus *sp. „Yellow“. Foto: Piednoir*

Labidochromis caeruleus

Die Art lebt im Felsenbiotop des Malawisees und ist unermüdlich damit beschäftigt, den Aufwuchs auf den Felsen nach Freßbarem abzuweiden. Im Aquarium werden *Artemia*-Krebse sowie alle Sorten von Mückenlarven dankbar angenommen. Es gibt farblich sehr viele Standortvarianten und die Jugendform unterscheidet sich farblich meist ein wenig von der Altersfärbung, denn sie ist etwas blasser.

Das hier gezeigte Labeotropheus fuelleborni-*Männchen trägt ein interessantes Farbkleid. Foto: Aqualife Taiwan*

Labeotropheus trewavasae

Diese Seecichliden werden im gesamten Malawisee gefunden und leben an den meisten Stellen auch mit *Labeotropheus fuelleborni* zusammen. Die Männchen sind blau gezeichnet, jedoch gibt es zahlreiche geographische Varianten. Sehr gesucht sind Männchen mit roter Rückenflosse, wie sie um Zimbawe Rock vorkommen.

Die Weibchen sind meist gelbschwarz gesprenkelt und sehen dadurch auch sehr interessant aus. *L. trewavasae* ist ein typischer Algenfresser, der mit seinem Maul Aufwuchs von den Felsen schabt. Im Aquarium erreichen sie eine Größe bis zu 15 cm.

Melanochromis auratus-*Weibchen. Foto: Aqualife Taiwan*

Melanochromis auratus

Melanochromis auratus kommt hauptsächlich im Südteil des Malawisees vor. Hier handelt es sich um sehr bekannte Aquarienbewohner, die schon seit einigen Jahrzehnten importiert werden und sehr beliebte Aquarienfische wurden. Die Weibchen sind in der Regel gelb gefärbt, während die Männchen ein schwarz-blaues Farbmuster zeigen. Im Aquarium erreichen die Männchen maximal eine Länge von 11 bis 12 cm, während die Weibchen um einige Zentimeter kleiner bleiben. Auch sie sind Aufwuchsfresser und weiden die Felsen ab. Weibchen finden sich im See in kleineren Schulen zusammen. Auch im Aquarium sollten sie in kleinen Guppen zusammen gehalten werden. Wie von vielen anderen Cichliden gibt es verschiedene Farb- und Fundortvarianten, deren Status zum Teil unklar ist.

Melanochromis auratus *-Männchen. Foto: Aqualife Taiwan.*

unten: Pseudotropheus elongatus. *Foto: Piednoir*

Pseudotropheus elongatus

Von *Pseudotropheus elongatus* gibt es sehr viele Standort- und Farbvarianten im Malawisee. Allerdings wurden die meisten dieser Formen noch nie für die Aquaristik exportiert. Es handelt sich um schöne schlanke und gut gefärbte Cichliden, die etwa eine Länge von zehn Zentimetern erreichen. Auch sie sind Aufwuchsfresser und die territorialen Männchen verjagen Artgenossen, wenn sie in Brutfärbung sind.

oben: Maylandia lombardoi.
rechts: Maylandia estherae.
3 Fotos: Aqualife Taiwan

Maylandia lombardoi

Maylandia lombardoi kommt am Nkhomo Reef in der Nähe von Benga und an der Insel Mbenji vor. Dort bewohnen sie die Übergangszone, bevorzugen aber die sedimentreichen Regionen zwischen den Felsen. Der Felsaufwuchs wird verspeist, aber auch Plankton im offenen Wasser dient als Nahrungsquelle. Die balzenden Männchen verteidigen sehr aggressiv ihre Brutreviere gegen andere artgleiche Männchen. Deshalb ist es auch im Aquarium am günstigsten, wenn ein Männchen zusammen mit zwei oder drei Weibchen gehalten wird.

Für den *Pseudotropheus zebra*-Komplex wird hier der Name *Maylandia* (1994) statt *Metriaclima* (1997) benutzt.

Namensänderung: Für einige Cichliden der Gattung Pseudotropheus *wurde ein neuer Gattungsname vergeben. Die aquaristisch beliebten und bewährten Arten um* Pseudotropheus zebra *wurden in die neu geschaffene Gattung* Metriaclima *gestellt. Außerdem wurden zehn weitere Arten neu beschrieben. Folgende 14 Arten sind betroffen:* P. aurora, P. barlowi, P. calainos, P. elegans, P. estherae, P. greshakei, P. hajomaylandi, P. heteropictus, P. lanisticola, P. livingstonii, P. lombardoi, P. pursus, P. xanstomachus *und* P. zebra.

Pseudotropheus saulosi.
Foto: Piednoir

Die zehn neuen Maylandia-*Arten sind:* M. bentos, M. chrysomallos, M. cyaneusmarginatus, M. emmiltos, M. mbenjii, M. melabranchion, M. phaeos, M. pyrsonotos, M. sandaracinos *und* M. thapsinogen*; sie wurden ursprünglich als* „Metriaclima" *beschrieben.*

Pseudotropheus saulosi

Pseudotropheus saulosi kommt am Taiwan Reef nördlich der Insel Chizumulu vor. Während die Männchen ein blaues Farbkleid tragen, fallen die Weibchen durch ihre intensive Gelbfärbung auf. Die Männchen sind sehr aggressiv, wenn es um die Verteidigung ihres Laichreviers geht. Laichwillige Männchen werden also besser mit mehreren Weibchen in einem Aquarium gepflegt. Die Fische dürfen nicht mit ähnlich gefärbten Arten vergesellschaftet werden, da sie auf diese ähnlich aggressiv wie auf Artgenossen reagieren.

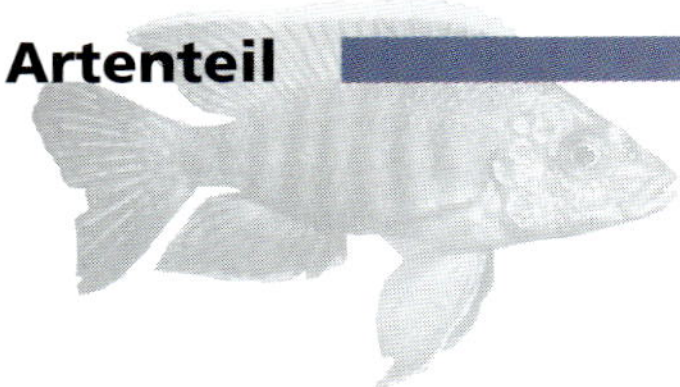

Tropheops tropheops. *Foto: Aqualife Taiwan*

Tropheops tropheops

Tropheops tropheops kommt in verschiedenen Farbvarianten vor, wie hier auf diesen Abbildungen zu sehen ist. Die Brutfärbung der Männchen verändert sich je nach Verbreitungsgebiet, wohingegen die Weibchen meist unscheinbar grau gefärbt sind. Er frißt Substrat von den Felsen, schätzt jedoch auch Plankton als Futter sehr. Selbstverständlich sind auch diese Männchen recht aggressiv bei der Verteidigung ihrer Laichreviere, die in der Natur mehrere Meter auseinanderliegen. KONINGS beschreibt in seinem Atlas der Malawisee-Cichliden Band II zahlreiche Farbvarianten dieses Malawiseecichliden, was eine Bestimmung erleichtert.

Tropheops tropheops. *Fotos: Aqualife Taiwan*

Parallel zu Pseudotropheus (Maylandia) *wurde im gleichen Heft von* TREWAVAS Pseudotropheus (Tropheops) *beschrieben. Daher ist diese Untergattung in Zukunft gleichwertig mit* Maylandia *als Gattung zu führen! Typus ist* Tropheops tropheops.

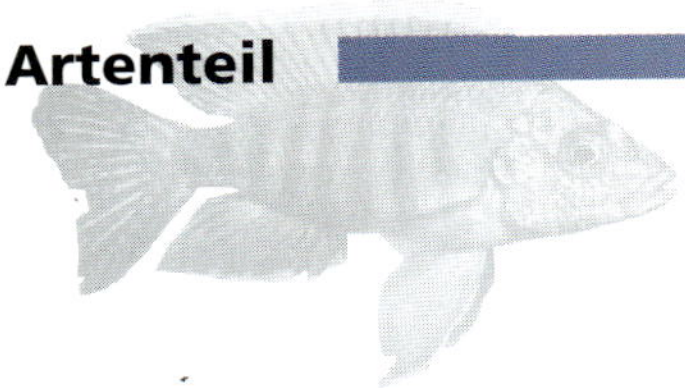

Maylandia zebra

Ein alter Bekannter für Malawiseecichlidenfreunde ist *Maylandia zebra.* Auch als Zebracichlide im Fachhandel bekannt. Bereits 1964 wurden die ersten Exemplare in Europa eingeführt und sehr schnell wurde dieser fantastisch gefärbte Fisch mit seinem auffälligen Brutverhalten ein Liebling der Süßwasseraquarianer. Besaßen diese Fische doch schließlich die intensiven Farben, wie sie von Meeresbewohnern bekannt sind. Von den „Zebras“ gibt es zahlreiche Farbmorphen im See und die Farbenvielfalt ist wirklich verwirrend. Die Unterscheidung der einzelnen Populationen – die zum Teil in den letzten Jahren eigene Artnamen erhielten – ist für den Aquarianer fast unmöglich. Wie bei den meisten Malawiseecichliden ist das innerartliche Verhältnis aggressiv, zumindest was die Männchen angeht. Es empfiehlt sich also auch hier, diesen Cichliden ein größeres Aquarium anzubieten. In kleineren Aquarien sollte nur ein Männchen mit einigen Weibchen gepflegt werden. Die dominanten Männchen betrachten nämlich schnell das ganze Aquarium als ihr Revier. Auch diese Cichliden leben von Algenaufwuchs der Felsen und deshalb kann ihnen im Aquarium ein spezielles Pflanzenflockenfutter angeboten werden.

Maylandia zebra. *Foto: Aqualife Taiwan*

Auch Blattsalat und Spinat sind neben Fischfleisch, Garnelen oder Muscheln angesagt. Im Aquarium dürfen die Zebracichliden nicht überfüttert werden, denn sonst neigen sie zur Verfettung. Die Vermehrung ist sehr einfach, denn die Männchen begatten die Weibchen im Aquarium, wenn diese laichbereit sind, relativ schnell. Dies kann etwa alle zwei bis drei Monate geschehen. Das Männchen führt das Weibchen zum Laichplatz in seinem Revier und dort findet die Befruchtung der Eier statt. Bevorzugt wird hier eine flache Steinplatte, welche auf dem Boden liegt. Die Männchen positionieren sich beim Laichakt im Winkel zum Weibchen und präsentieren ihre Afterflosse. Heftiges Zittern läuft durch den ganzen Körper des Männchens. Die beiden Parter formen dabei das übliche T, was nichts anderes bedeutet, als daß sie im rechten Winkel zueinander stehen. Das Weibchen steht mit seinem Kopf an der Afterflosse des Männchens und wird wie magisch von den Eiflecken auf den Flossen angezogen. Wenn das Weibchen versucht, die Eiflecken ins Maul zu nehmen, dann stößt es gleichzeitig die Eier aus, die es mit dem Maul auffängt. Während des Schnappens nach den Eiflecken auf der Afterflosse des Männchens nimmt das Weibchen den Samen des Männchens auf und

Pseudotropheus *spec., eine noch nicht beschreibene Art. Foto: Aqualife Taiwan*

Maylandia zebra.
Foto: Piednoir

somit sind die Eier befruchtet. Nach einer Stunde ist alles vorüber und das Weibchen zieht sich in eine ruhige Aquarienecke zurück. Es hat jetzt etwa 20 bis 30 Eier im Maul, die es so ausbrütet. Je nach Wassertemperatur dauert die Entwicklungszeit etwa 18 bis 21 Tage. In dieser Zeit nimmt das Weibchen kaum Nahrung zu sich. Die Jungfische sind im Maul der Mutter sicher und werden als vollentwickelte Jungfische ausgespuckt. Lassen Sie sich also von der Farbenvielfalt des altbekannten *Maylandia zebra* faszinieren, und vielleicht fangen Sie ja gerade mit dieser Art Ihr „Abenteuer Malawiseeaquarium“ an.

Namensänderung

Für einige Cichliden der aquaristisch beliebten Gattung *Pseudotropheus* wurde ein neuer Gattungsname vergeben. Für die Arten um *Pseudotropheus elongatus* und einige weitere ist noch kein neuer Gattungsname verfügbar. Der einzige „echte" *Pseudotropheus* (Typus) ist *Pseudotropheus williamsii* (vgl. a. die Mitteilungen auf S. 68-70).

Folgende 14 Arten sind betroffen: *M. aurora, M. barlowi, M. calainos, M. elegans, M. estherae, M. greshakei, M. hajomaylandi, M. heteropictus, M. lanisticola, M. livingstonii, M. lombardoi, M. pursus, M. xanstomachus* und *M. zebra*. Für diese umbenanneten Arten der Gattung *Pseudotropheus* ist aber ein älterer Name – nämlich *Maylandia* – verfügbar, der demzufolge hier benutzt wird, denn *Metriaclima* ist demnach ein Synonym.

Maylandia zebra.
Foto: Aqualife Taiwan

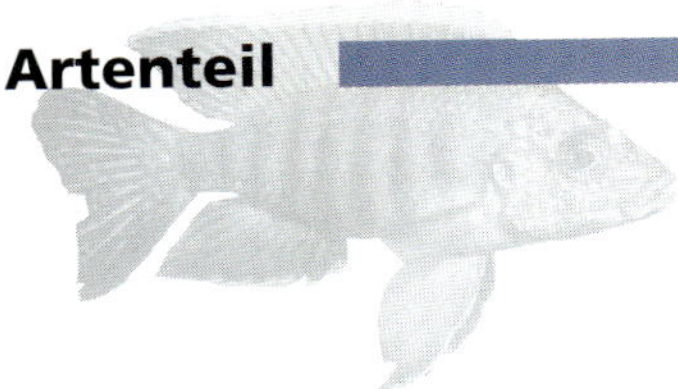

Placidochromis electra.
Foto: Aqualife Taiwan

Placidochromis electra

Dieser Malawiseecichlide wurde früher als *Haplochromis electra* gehandelt, doch ist er jetzt der Gattung *Placidochromis* zugeordnet. Dieser schön blau gefärbte Fisch kommt entlang des Ostufers zwischen Liuli und Mbamba Bay vor.

Die größer werdenden Männchen erreichen eine Länge von bis zu 17 cm. Die Weibchen sind deutlich kleiner und erreichen im Durchschnitt eine Länge von 12 cm.

Nahrung sucht er am liebsten im Sand, den er regelrecht durchgräbt und durchsiebt. Leider wurde bis heute noch nichts über die Ablaichaktivität in der Natur berichtet, jedoch verteidigen die Männchen im Aquarium ihr Revier heftig gegen Artgenossen.

Zehn Gebote für gesunde Malawiseecichliden

1. Die Fische vor dem Kauf genau beobachten und auf Krankheitsmerkmale achten. Bei dunkel gefärbten, abgemagerten Fischen oder Flosseneinschmelzungen, Kopflöchern und weißen Kotfäden unbedingt die Finger davon lassen.
2. Neuzugänge mindestens sechs Wochen in Quarantäne beobachten.
3. Kein Kontakt vom Quarantäneaquarium mit den Zucht- oder Hälterungsaquarien herstellen.
4. Geräte und Fangnetze aus dem Quarantäneaquarium niemals in der Anlage benutzen. Hände und Arme nach dem Hantieren im Quarantänebecken gründlichst waschen.
5. Keine Pflanzen in das Aquarium bringen, die aus einem Aquarium mit Fischen stammen. Plfanzen müssen vorher desinfiziert werden.
6. Den Fischen immer sehr gute Lebens- und Wasserbedingungen bieten.
7. Für eine ausgeglichene Ernährung sorgen.
8. Nur absolut gesunde Fische, die entsprechend im Quarantänebecken überwacht wurden, in die Zuchtanlage oder das Schauaquarium einbringen.
9. Das Quarantäneaquarium nach jedem Einsatz gründlich desinfizieren.
10. Nehmen Sie sich für Ihre Fische regelmäßig Zeit, um diese zu beobachten, denn dann werden Sie schnell feststellen, ob sich Ihre Fische wohl fühlen, oder ob eine Krankheit auszubrechen droht.